名句中国丛书·拾壹

人生感悟

吴礼权 编著

暨南大学出版社
JINAN UNIVERSITY PRESS

中国·广州

图书在版编目（CIP）数据

人生感悟／吴礼权编著. —广州：暨南大学出版社，2014.7
（名句中国丛书）
ISBN 978 - 7 - 5668 - 0657 - 4

I.①人… II.①吴… III.①名句—汇编—中国 IV.①H136.3

中国版本图书馆 CIP 数据核字（2013）第 153556 号

出版发行：暨南大学出版社

地　　址：中国广州暨南大学
电　　话：总编室（8620）85221601
　　　　　营销部（8620）85225284　85228291　85228292（邮购）
传　　真：（8620）85221583（办公室）　85223774（营销部）
邮　　编：510630
网　　址：http：//www. jnupress. com　http：//press. jnu. edu. cn

排　　版：广州良弓广告有限公司
印　　刷：佛山市浩文彩色印刷有限公司

开　　本：890mm×1240mm　1/32
印　　张：5.625
字　　数：131 千
版　　次：2014 年 7 月第 1 版
印　　次：2014 年 7 月第 1 次

定　　价：13.80 元

（暨大版图书如有印装质量问题，请与出版社总编室联系调换）

前　言

吟安一个字，捻断数茎须。（唐·卢延让《苦吟》）
二句三年得，一吟双泪流。（唐·贾岛《题诗后》）

　　名句，特别是那些历久不衰、传诵不绝的经典名句，既是作者千锤百炼的思想成果，更是中华民族悠久文化的精华之浓缩，很是值得我们仔细玩味。因为我们可以从中汲取有益的精神营养，增加人生智慧，得到为人处世的人生启发，获取精神心灵的慰藉，由此开创我们健康、快乐、积极、向上的美好人生。

　　工欲善其事，必先利其器。（先秦《论语·卫灵公》）
　　道虽迩，不行不至；事虽小，不为不成。（先秦《荀子·修身》）
　　生于忧患，而死于安乐也。（先秦《孟子·告子下》）
　　大行不顾细谨，大礼不辞小让。（汉·司马迁《史记·项羽本纪》）
　　临渊羡鱼，不如退而结网。（汉·班固《汉书·董仲舒传》）
　　成大功者不小苛。（汉·刘向《说苑·政理》）

1

　　读一读这些充满哲理睿智的先贤名言，对我们今天如何为人处世，相信会启发多多、获益无穷的。

　　中国自古便有一句老话："人生不如意事常八九。"现实生活并不是诗词歌赋，更不会事事都充满诗情画意。因此，在现实生活中遭遇种种的人生挫折，那是"司空见惯浑闲事"。假如在人生的道路上遇到挫折，我们是否就此一蹶不振、意志消沉下去呢？

　　天行健，君子以自强不息。（先秦《周易·乾》）

　　长风破浪会有时，直挂云帆济沧海。（唐·李白《行路难》）

　　天生我材必有用，千金散尽还复来。（唐·李白《将进酒》）

　　读一读先贤的这些经典名言，相信我们定能由此振作起来，重新燃起希望之火，顿起奋发进取之志。

　　有奋发进取的国民，才会有奋发进取的民族。中华民族之所以生生不息，中华文化之所以源远流长，正是因为我们自古以来就不乏仁人志士。

　　如欲平治天下，当今之世，舍我其谁也？（先秦《孟子·公孙丑下》）

　　老骥伏枥，志在千里；烈士暮年，壮心不已。（汉·曹操《步出夏门行·龟虽寿》）

　　心懔懔以怀霜，志眇眇而临云。（晋·陆机《文赋》）

　　会当凌绝顶，一览众山小。（唐·杜甫《望岳》）

丈夫贵兼济，岂独善一身。（唐·白居易《新制布裘》）

为天地立心，为生民立命，为往圣继绝学，为万世开太平。（宋·张载《近思录拾遗》）

读一读这些气壮山河、豪迈超逸的传世名言，相信我们每一个人都会由此洞悉中华民族之所以伟大、中华文化之所以渊博的内在原因。

一个民族之所以成为一个民族，那是因为有一种民族精神。中华民族之所以成为中华民族，中华民族之所以在历经无数苦难之后仍然屹立不倒，并不断自强崛起，那是因为中华民族自古以来就有无数以国家天下为己任、舍身报国、爱国忘家的优秀儿女。

路漫漫其修远兮，吾将上下而求索。（先秦·屈原《楚辞·离骚》）

匈奴未灭，何以家为也！（汉·司马迁《史记·卫将军骠骑列传》）

捐躯赴国难，视死忽如归。（三国魏·曹植《白马篇》）

鞠躬尽瘁，死而后已。（三国蜀·诸葛亮《后出师表》）

风尘三尺剑，社稷一戎衣。（唐·杜甫《重经昭陵》）

黄沙百战穿金甲，不破楼兰终不还。（唐·王昌龄《从军行七首》）

先天下之忧而忧，后天下之乐而乐。（宋·范仲淹《岳阳楼记》）

位卑未敢忘忧国。（宋·陆游《病起书怀》）

人生自古谁无死，留取丹心照汗青。（宋·文天祥《过零

丁洋》）

风声、雨声、读书声，声声入耳；家事、国事、天下事，事事关心。（明·顾宪成为无锡东林书院所题联语）

苟利国家生死以，岂因祸福避趋之。（清·林则徐《赴戍登程口占示家人》）

天下兴亡，匹夫有责。（清·顾炎武《日知录·正始》）

读一读上面这些掷地有声的报国誓言、爱国心声，我们不难窥见中华民族之所以能够绵历数千年而生生不息、历久弥新的原因所在。

有爱国之心、报国之志，固然难得；而有治国安邦之才、济世爱民之情，则更为难得。中华民族之所以生生不息，并不断从苦难中站起来，那是因为我们历来不乏治国之能臣、安民之才俊。

居安思危，思则有备，有备无患。（先秦《左传·襄公十一年》）

为之于未有，治之于未乱。（先秦《老子》第六十四章）

仓廪实则知礼节，衣食足则知荣辱。（先秦《管子·牧民》）

政之所兴，在顺民心；政之所废，在逆民心。（先秦《管子·牧民》）

国虽大，好战必亡；天下虽安，忘战必危。（先秦《司马法·仁本》）

家有常业，虽饥不饿；国有常法，虽危不亡。（先秦《韩非子·饰邪》）

　　公正无私，一言而万民齐。（汉·刘安《淮南子·修务训》）

　　世不患无法，而患无必行之法。（汉·桓宽《盐铁论·申韩》）

　　民之所好，好之；民之所恶，恶之。（汉·戴圣《礼记·大学》）

　　求贤如饥渴，受谏而不厌。（晋·陈寿《三国志·吴书·张纮传》）

　　服民以道德，渐民以教化。（宋·欧阳修《三皇设言民不违论》）

　　兼听则明，偏信则暗。（宋·司马光《资治通鉴》载唐太宗语）

　　为政之要，曰公曰清。（宋·林逋《省心录》）

　　听一听这些先贤治国安邦的心得，分享他们济世安民的成功经验，今天身为人民公仆的干部一定能从中学习、领悟到不少东西；于其执政能力、行政能力的提高，也会助益多多。

　　治国安邦之才，经世致用之能，并不是先天所生就，而是要通过后天的学习教育。而今，世界已经进入"知识经济"时代，不接受教育、不读书或者说不会读书，都会被时代淘汰。

　　学而不思则罔，思而不学则殆。（先秦《论语·为政》）

　　玉不琢不成器，人不学不知道。（汉·戴圣《礼记·学记》）

　　学，然后知不足；教，然后知困。（汉·戴圣《礼记·

学记》)

少则习之学，长则材诸位。(汉·班固《汉书·董仲舒传》)

业精于勤荒于嬉，行成于思毁于随。(唐·韩愈《进学解》)

纸上得来终觉浅，绝知此事要躬行。(宋·陆游《冬夜读书示子聿》)

循序而渐进，熟读而精思。(宋·朱熹《读书之要》)

对于"为何学习"、"如何学习"，先哲前贤都提出了精辟的见解。读了上述教诲，相信今天的我们定能"心有戚戚焉"，对学习的意义与学习的方法的认识也会更加深刻的。

其实，先贤留下的名言名句，不仅极大地丰富了我们中华文化，对中国人的思想发展、人生观的确立等有着重要的影响，同时也对中国人心灵的陶冶与精神的慰藉为功不小。

余霞散成绮，澄江静如练。(南朝齐·谢朓《晚登三山还望京邑》)

白日地中出，黄河天外来。(唐·张蠙《登单于台》)

大漠沙如雪，燕山月似钩。(唐·李贺《马诗二十三首》)

大漠孤烟直，长河落日圆。(唐·王维《使至塞上》)

千里莺啼绿映红，水村山郭酒旗风。(唐·杜牧《江南春》)

日出江花红胜火，春来江水绿如蓝。(唐·白居易《忆江南》)

江流天地外，山色有无中。(唐·王维《汉江临眺》)

三山半落青天外，一水中分白鹭洲。（唐·李白《登金陵凤凰台》）

楚塞三湘接，荆门九派通。（唐·王维《汉江临眺》）

疏影横斜水清浅，暗香浮动月黄昏。（宋·林逋《山园小梅》）

烟柳画桥，风帘翠幕，参差十万人家。（宋·柳永《望海潮》）

读一读这些描写塞外、江南自然风光的诗句，相信我们都会油然而生对祖国大好河山的无限热爱之情。

白日依山尽，黄河入海流。（唐·王之涣《登鹳雀楼》）

横空过雨千峰出，大野新霜万叶枯。（唐·耿湋《九日》）

远山芳草外，流水落花中。（唐·司空曙《题鲜于秋林园》）

明月松间照，清泉石上流。（唐·王维《山居秋暝》）

柳色黄金嫩，梨花白雪香。（唐·李白《宫中行乐词八首》）

星垂平野阔，月涌大江流。（唐·杜甫《旅夜书怀》）

春色满园关不住，一枝红杏出墙来。（宋·叶绍翁《游园不值》）

风吹梅蕊闹，雨细杏花香。（宋·晏几道《临江仙》）

蕉叶半黄荷叶碧，两家秋雨一家声。（宋·杨万里《芭蕉雨》）

浮天水送无穷树，带雨云埋一半山。（宋·辛弃疾《鹧鸪天》）

一年湖上春如梦，二月江南水似天。（元·迺贤《次段吉甫助教春日怀江南韵》）

水流曲曲树重重，树里春山一两峰。（清·郑燮《潍县竹枝词》）

读一读这些描写山水花木的诗句，相信我们都会顿生"清风明月本无价，近水远山皆有情"的情感共鸣，在观照自然万物中得到心灵的净化。

目送归鸿，手挥五弦。俯仰自得，游心太玄。（三国魏·嵇康《赠兄秀才从军十八首》）

石栏斜点笔，桐叶坐题诗。（唐·杜甫《重游何氏五首》）

松风吹解带，山月照弹琴。（唐·王维《酬张少府》）

独立小桥风满袖，平林新月人归后。（南唐·冯延巳《鹊踏枝》）

欲归还小立，为爱夕阳红。（宋·陆游《东村》）

东篱把酒黄昏后，有暗香盈袖。（宋·李清照《醉花阴》）

题诗石壁上，把酒长松间。（元·倪瓒《对酒》）

闲窗听雨摊书卷，独树看云上啸台。（清·吴伟业《梅村》）

读一读这些诗句，相信我们会尘虑顿消。而对照于古人的生活情趣与潇洒的人生态度，相信今日忙忙碌碌的我们都会惭愧不已，不得不对自己的人生态度进行深刻的反省。

这套名曰"名句中国"的小丛书，虽本意在于通过对一万余条中国古代经典名句意蕴的剖析，为人们的读写实践指点

迷津，并提供"引经据典"的参考方便；但在名句意蕴解构
的过程中，读者也许可以由此及彼而对博大精深的中国传统文
化有个"管中窥豹"的粗略印象。"一滴水能折射出太阳的光
辉。"透过名句，我们虽然不敢说能由此窥见博大精深的中国
文化的深度，但最起码会给大家留下一点"浮光掠影"式的
印象。

吴礼权

2008 年 4 月 8 日记于复旦园

凡　例

一、本丛书共收中国历代经典名句一万余条。入选的各名句，一般都是编者通过现代科技手段与互联网技术，在认真调查了其引用频率的基础上精选出来的。

二、本丛书所收名句依据特定的标准，共分为十二大类。每一大类又细分为若干小类。每一小类所收辞目，根据实际情况和"宁缺毋滥"的原则而多少不等。

三、辞目的编排，每一小类内的辞目编排顺序依据每一个辞目（即每一个名句）的第一个字的汉语拼音顺序依次编排。相同字头的辞目都集中于一起，排于其特定的音序位置上。第一个字与第二个字都相同的辞目，也依上述原则集中于一起，排于其特定的音序位置上。

四、每个辞目的编写体例是：首先列辞目（即名句），其次是"注释"，最后是"译文"和"点评"（句义没有难解之处，则没有译文）。即"辞目—注释—译文/点评"。

五、辞目的长度，一般是一句或两句。少数辞目考虑其意义的整体性，可能是三句、四句或更多。

六、注释的文字，包括名句的出处、生僻字词注音、难解字词的词义解释、古代汉语特殊句法结构的语法说明等四个部分。名句出处的标注，包括时代、作者、书名或篇名。成书时代难以确定的，则付之阙如。秦代以前的作品，统一以"先秦"概括，不细分为夏、商、周、春秋、战国等。这是考虑到有些作品的成书只能确定其大致时间，而难以具体指明何年何代，如《诗经》、《周易》、《尚书》等。作者不能确定的，也付之阙如。如《论语》、《孟子》等，并非孔子、孟子自己所编定，而是由他们的弟子或后人编定的，就不便注明作者。还有些作品是大家非常熟悉的，书名本身就表明了作者，则也不注明作者，如《老子》、《庄子》等。如果所引名句是著作中的，则注明书名和篇名或章节名。生僻字的注音，以汉语拼音方案的拼写规则标注声、韵、调。

七、译文/点评的文字，根据不同情况有不同的表现形式。主要有：①句意难于理解的，先列出白话译文，或是进行句意串讲，然后再对其内容进行阐发。②句意易于理解的，则略去译文或句意串讲，直接进行内容的阐发、点评。③有些名句运用到特定修辞方式的，则明确予以指出，并说明其表达效果。④有些写景的名句，不便用编者自己的观点框定读者，就以概括句意的形式简洁点拨，以便读者作"仁者见仁，智者见智"的解读发挥。⑤有些名句的语意后世在使用中发生语义变化的，则予以说明。⑥有些名句可以引申运用的，则予以说明。

八、《文学艺术》卷注有本丛书的条目索引，索引按照汉语拼音的音序排列，读者可以方便迅速地查阅到相关条目。

目　录

前　言 ……………………………………………… （1）

凡　例 ……………………………………………… （1）

人格气节 …………………………………………… （1）

人生感悟 …………………………………………… （28）

光阴时机 …………………………………………… （56）

奋发进取 …………………………………………… （81）

自信豪放 …………………………………………… （101）

旷达行乐 …………………………………………… （117）

赠言励志 …………………………………………… （138）

明心见性 …………………………………………… （151）

人格气节

安能摧眉折腰事权贵，使我不得开心颜。

【注释】出自唐·李白《梦游天姥吟留别》。安能，怎么能。摧眉折腰，指低头哈腰。事，侍奉、巴结、讨好。开心颜，开心、高兴。

【译文/点评】此言为了名利而违心地讨好巴结权贵，是让人很难受的。这是李白不愿为了名利而折节的人格追求的表白。

安危不二其志，险易不革其心。

【注释】出自汉·仲长统《昌言下》。二，二心，指改变。革，改变。

【译文/点评】不论身处何种处境，不论安危、险易，都不改变自己的志向心愿。此乃作者自道志向之语，表达了其高尚的人格追求。

不妨举世无同志，会有方来可与期。

【注释】出自宋·陆游《衰疾》。不妨，无碍。举世，天下。同志，指志同道合的人。会有，一定有。方来，将来。可与期，可以期待。

【译文/点评】即使现在全天下没有一个与我志同道合的

人也无妨，相信将来一定有可以期待的同道出现。此言遭遇现实的困境仍应守志不移，决不向邪恶势力低头，更不应与其同流合污，表达的是诗人特立独行、持志不移的人格追求。

不食嗟来之食。

【注释】出自汉·戴圣《礼记·檀弓下》。嗟，呵斥之声。嗟来之食，指带有侮辱性的施舍。

【译文/点评】饿死也不吃带有侮辱性施舍的食物。后引申之，表示气节与人格比生存更重要。

不为穷变节，不为贱易志。

【注释】出自汉·桓宽《盐铁论·地广》。为，因为。穷，指没钱。贱，指没地位。易，变。

【译文/点评】不因为穷困而改变气节，不因为贫贱而改变志向。此与孟子所倡导的"贫贱不能移"的君子修身的理念相同，意在鼓励世人守节不变、持志不移。

不畏义死，不荣幸生。

【注释】出自唐·韩愈《清边郡王杨燕奇碑文》。畏，怕。义死，为正义、道义而死。荣，以……为荣。幸生，侥幸活着、苟且偷生。

【译文/点评】不怕为正义而死，不以苟且偷生为荣。此言为义而死才是光荣的，不顾道义而苟且生存，活着也不是什么光彩的事。意在强调舍生取义的宗旨。

不揜贤以隐长，不刻下以谀上。

【注释】出自先秦《晏子春秋·内篇上·二十》。揜（yǎn），遮蔽、覆盖。以，而。刻下，苛刻于下属。谀（yú）上，巴结讨好上司。

【译文/点评】不压制贤能之士而掩盖他的长处，不苛刻于下属而讨好巴结上司。此言为人应该正派，切不可妒贤嫉能、欺下媚上。

不治可见之美，不竞人间之名。

【注释】出自晋·陈寿《三国志·魏书·三少帝纪》裴松之注引《魏名臣奏》。治，指追求。可见之美，指表面之美。人间之名，指世俗之名。

【译文/点评】不追求表面之美，不竞争世俗之名。此言修身养性的一种崇高境界，表达的是一种自标一格、不与世俗同流合污的人格追求。

财贿不以动其心，爵禄不以移其志。

【注释】出自明·罗贯中《三国演义》第二十七回。财贿，即金钱财物。以，因。爵禄，指官位。移，改变。此二句的正常语序应是"不以财贿动其心，不以爵禄移其志"。

【译文/点评】此言人格高尚的君子是不会因为金钱、官位而改变其心志的。

巢许蔑四海，商贾争一钱。

【注释】出自三国魏·曹植残句。巢许，上古两个隐士巢父、许由。蔑，蔑视、轻视。四海，指代天下。商贾（gǔ），商人。

【译文/点评】巢父、许由连天下都不放在眼里（传说尧曾有意将帝位让与巢、许，二人皆不受而逃隐），而商人则连一个钱也争得不可开交。此言不同志向的人有不同的精神境界。

丹可磨而不可夺其色，兰可燔而不可灭其馨，玉可碎而不可改其白，金可销而不可易其刚。

【注释】出自北齐·刘昼《刘子·大质》。丹，丹砂。夺，改变。燔（fán），炙、烤。馨，香气。销，指熔化。易，改变。

【译文/点评】丹砂可以磨损，但不能消除其朱色；兰花可以烧毁，但不能消灭它的香气；玉石可以打碎，但不可能改变其洁白无瑕之色；金子可以熔化，但不能改变其刚硬之属性。后世引此语多用以比喻可以改变一个人的任何东西，但改变不了一个志士的心志。此与孔子所说"三军可夺帅也，匹夫不可夺志也"有相通之处。

饿死事小，失节事大。

【注释】出自宋·朱熹编《河南程氏遗书》卷二十二下载程颐语。

【译文/点评】此言人的生存问题固然重要，但是人的名节操守更为重要。此语对中国传统士大夫与知识分子影响极大，并成为许多志士仁人为了理想而甘愿赴汤蹈火甚至不惜献出生命的原动力，也是他们能够"杀身成仁"、保守名节的座右铭。

非其道，则一箪食不可受于人；如其道，则舜受尧之天下，不以为泰。

【注释】出自先秦《孟子·滕文公下》。道，儒家所持的政治思想理念。则，那么。箪（dān），古代盛饭的竹器。泰，过分。

【译文/点评】如果不符合"道"，那么一碗饭也不能接受；如果符合"道"，那么就像舜接受尧的禅让一样，即使禅让的是天下也不算过分。此言为人处世要以合"道"为标准。孟子此语意在推阐儒家的价值观与政治思想理念。

非其义，君子不轻其生；得其所，君子不爱其死。

【注释】出自唐·白居易《汉将李陵论》。爱，舍不得、吝啬。

【译文/点评】不是为了所追求的义，君子不轻易舍弃生命；如果有值得献身的地方，君子不会舍不得自己的生命。此言君子不轻生，也不怕死，关键是看生得有没有尊严，死得有没有价值。

非死之难，处死之难也。

【注释】出自晋·陈寿《三国志·蜀书·蒋费姜传》裴注引干宝语。之，放在主谓语之间，取消句子的独立性。非，不是。处死，怎样死、死的方法。也，句末语气助词。

【译文/点评】此言结束生命并不难，难的是怎样才能死得有意义、有价值，意在强调死要死得有尊严。

非梧桐不止，非练实不食，非醴泉不饮。

【注释】出自先秦《庄子·秋水》。非，不是。止，栖息。练实，竹实。醴泉，味同甜酒的泉水。

【译文/点评】鹓鶵（yuān chú，凤凰一类的神鸟）是一种不同寻常的鸟，不是梧桐树就不栖息，没有竹实就不吃，不是醴泉就不喝。后世引此语多是以鹓鶵比喻有气节的高洁之士，赞扬他们不随流俗、洁身自好的高贵品质。

富贵不能淫，贫贱不能移，威武不能屈，此之谓大丈夫。

【注释】出自先秦《孟子·滕文公下》。淫，乱、邪恶。移，改变。屈，屈服。谓，叫。

【译文/点评】富贵不能乱我心，贫贱不能改我志，威武不能使我屈服，这才叫大丈夫。这是孟子关于人格修养的名言，对中国历代志士仁人磨砺意志、修身养性产生了巨大的影响。

高节人相重，虚心世所知。

【注释】出自唐·张九龄《和黄门卢侍御咏竹》。

【译文/点评】此乃以双关修辞法，明里写竹子高节、虚心的特征，暗里则是借物写人，歌咏的是高风亮节与虚怀若谷的君子形象。因此，此句历来被视为写竹的名句。

功成不受爵，长揖归田庐。

【注释】出自晋·左思《咏史八首》之一。受爵，接受爵位。长揖，指最庄重的大礼。田庐，指乡间。

【译文/点评】此言高士功成不居、退隐田园的高风亮节。

苟非吾之所有，虽一毫而莫取。

【注释】出自宋·苏轼《前赤壁赋》。苟，如果。非，不是。吾，我。虽，即使。莫，不。

【译文/点评】如果不是我所有的东西，即使是一分一毫也不轻取。此言君子清廉自持的人格追求，正是《礼记》所说的"临财不苟得"的境界。

苟利国家，不求富贵。

【注释】出自汉·戴圣《礼记·儒行》。苟，如果。

【译文/点评】如果对国家有利，自己的富贵功名都是不必考虑的。此言君子爱国忘身的人格精神。

苟利国家生死以，岂因祸福避趋之。

【注释】出自清·林则徐《赴戍登程口占示家人》。苟，如果。以，因为。"苟利国家生死以"，正常的语序是"苟以利国家生死"，"生死"是偏义复词，只取"死"义，说"生死"，是为了凑足音节，构成对仗。后句的"祸福"，也是偏义复词，只取"祸"义而不取"福"义。

【译文/点评】假如是为有利于国家而死，哪能因为是福就趋进、因祸而躲避呢？意谓只要有利于国家，即便赴汤蹈火也在所不惜，绝不会因为考虑自己的祸福而有所避趋。这是林则徐在鸦片战争失败后被发配新疆时告别家人所表白的心迹，表现了一个爱国者以国家利益为重的崇高精神境界。因此，它曾激励了中国近代无数志士仁人为了中华民族的复兴而前赴后继地顽强奋斗。

贵者虽自贵，视之若尘埃；贱者虽自贱，重之若千钧。

【注释】出自晋·左思《咏史八首》。贱，指地位低的人。若，如、像。千钧，代指极重。古代以三十斤为一钧。

【译文/点评】权贵虽然自以为尊贵，我却视之为尘土；身处社会最下层虽然微不足道，但我自以为人格高尚重若千钧。此言权势地位并不能使人高贵，地位卑微也并不意味着自己毫无价值；只要人格高尚，虽贱犹贵。此乃诗人所表达的贵贱观，与世俗大异其趣，字里行间充溢着诗人高洁的人格追求。

豪杰之士者，必有过人之节。

【注释】出自宋·苏轼《留侯论》。……者，古代汉语的判断句形式之一，相当于"……是……"。之，的。节，节操。

【译文/点评】豪杰之士，都一定是有过人的节操的。此言有过人的节操是成为英雄豪杰的必要条件之一。

毁誉不干其守，饥寒不累其心。

【注释】出自宋·欧阳修《送秘书丞宋君归太学序》。毁誉，诋毁与称誉。干，干扰、影响。累，带累、牵累。

【译文/点评】无论是受到诋毁还是受到称赞，都不影响操守；无论是饥是寒，都不改变心志。此言君子修身养性不为外物左右的崇高境界。这虽是赞扬朋友宋君人格高尚之辞，却也由此提出了君子修身的基本原则。

见势不趋，见威不惕。

【注释】出自明·冯梦龙《东周列国志》第十八回。趋，趋前。惕，害怕。

【译文/点评】见权势不攀附趋奉，见威权不屈从惧怕。此言不屈权势、不屈威权的人格境界。

君子可招而不可诱，可弃而不可慢。

【注释】出自隋·王通《文中子·礼乐》。

【译文/点评】君子可因国家需要而应招服务，但不可以金钱利益相引诱；君子可以被弃而不用，但不可对之态度轻慢。此言君子应当坚守"可杀而不可辱"、"可弃而不可慢"的人格气节。

君子之仕，不以高下易其心。

【注释】出自宋·苏辙《张士澄通判定州》。之，放在主谓语之间，取消句子的独立性。仕，做官。以，因。高下，官阶高低。易，改变。心，指心志、做人的原则。

【译文/点评】君子从政做官，不因职务的高低变化而改变当初的心志。此言做官应该守志不移。

可使寸寸折，不能绕指柔。

【注释】出自唐·白居易《李都尉古剑》。绕指柔，比喻非常柔软，指代为了名利而百般献媚于权势的人。

【译文/点评】此乃以古剑为喻，形象地表明了诗人为人宁折不屈的人格追求。

渴不饮盗泉水，热不息恶木阴。

【注释】出自晋·陆机《猛虎行》。盗泉，泉水名。《尸子》："孔子至于胜母，暮矣而宿；过于盗泉，渴矣而不饮，恶其名也。"不息，不休息于、不纳凉于。恶木，不好的树。《管子》："夫士怀耿介之心，不荫恶木之枝。"

【译文/点评】渴了也不喝盗泉之水，热了也不在恶木下纳凉，其意在强调人要有志气和坚贞的品格。

狂者进取，狷者有所不为也。

【注释】出自先秦《论语·子路》。狂者，指行为放荡不羁、纵情任性之人。狷者，指行为拘谨，但性情耿直、不肯同流合污之人。有所不为，指不做坏事。也，句末语气助词。

【译文/点评】狂者有进取之心，狷者品行高尚，能够洁身自好，绝不会做坏事。这是孔子对"狂"、"狷"两种性格的交友对象的评价。揆之现实生活，大抵不差，值得我们交友时参考。

良将不怯死以苟免，烈士不毁节以求生。

【注释】出自晋·陈寿《三国志·魏书·庞德传》。怯死，怕死。以，而。苟，苟且。烈士，指有气节、积极建功立业、视死如归的人。节，气节、名节。

【译文/点评】良将不怕死，不为活着而苟且偷生；有志之士不毁弃自己的名节而求苟延残喘。此言气节、人格重于生命，意在勉励世人珍惜名节与人格。

临财毋苟得，临难毋苟免。

【注释】出自汉·戴圣《礼记·曲礼上》。临，面对、遇到。毋（wú），不要。苟，苟且。难（nàn），灾难。

【译文/点评】面对非分不当的财物，不要放弃做人的原则而苟且获取；面对灾难祸患，不要放弃道义而苟且贪生。此言财物、生命固然重要，但做人的原则与人格气节更重要。

临难忘身，见危致命。

【注释】出自唐·柳宗元《唐故特进南公睢阳庙碑》。致命，献出生命。

【译文/点评】遇到危难忘记自身安全，见到危险不怕献出生命。此言为了正义与理想可以置生死于度外的人格气节。

临危而智勇奋，投命而高节亮。

【注释】出自晋·潘岳《西征赋》。奋，振作。投命，献出生命。节，气节、名节。亮，明亮、彰显。

【译文/点评】面临危难而智勇振作，慷慨赴死而高节彰显。此言危难之中才能表现出一个人的智慧与勇气，能够置生死于度外的人才能展现其高尚的节操。

路见不平，拔刀相助。

【注释】出自明·施耐庵《水浒传》第四十四回。

【译文/点评】此写古代侠义之士扶危助弱的义气行为。今日我们路见不平当然不必也不可能再"拔刀"，但是为了维护社会正义，挺身而出与坏人坏事作斗争，还是应该的。从这个意义上说，"路见不平，拔刀相助"的侠义精神是任何时候都需要的。

落尽最高树，始知松柏青。

【注释】出自唐·廖凝《落叶》。

【译文/点评】此言在秋风萧瑟万木凋的情况下，才能显现出松柏刚劲挺拔的形象。后世常用以形容高风亮节之士的人格气节魅力。

猛石可裂不可卷，义士可杀不可羞。

【注释】出自唐·李朝威《柳毅传》。猛石，坚固之石。卷，卷曲。羞，羞辱。

【译文/点评】以坚石可裂不可卷为喻，说明义士宁死不受辱的决心。

明日黄花，过时之物；岁寒松柏，有节之称。

【注释】出自清·程允升《幼学琼林·花木》。黄花，菊花。

【译文/点评】前句以菊花易凋比喻没有气节的人，意在说明随风转舵、不坚守道德情操的人终将为人们所唾弃；后句以岁末严寒中傲立不败的松柏比喻坚守气节百折不挠的志士，意在强调有节操的人才能为人们所崇敬与称道。两句之意正反相衬，意在勉励世人要保持做人应有的操行、气节。

宁可玉碎，不能瓦全。

【注释】出自唐·李百药《北齐书·元景安传》。瓦，陶器。

【译文/点评】宁愿做打碎的玉，也不做完整的瓦。此以玉瓦为喻，说明了有志之士的人格追求：宁为保全人格、维护正义而死，也不愿放弃人格或牺牲正义而屈辱地苟且偷生。

宁为鸡口，无为牛后。

【注释】出自汉·刘向编《战国策·韩策一》。牛后，指牛肛门。

【译文/点评】宁愿成为鸡嘴巴，也不愿成为牛屁股。意谓鸡嘴干净，牛后肮脏，不屑为之。此乃以鸡口牛后作比，表明这样一种做人的理念：宁愿在小格局中独当一面、当家做主，也不愿在大格局中做别人的附庸而受人驱使。

宁以义死，不苟幸生。

【注释】出自宋·欧阳修《纵囚论》。以，因为。苟，苟且。幸生，侥幸而活。

【译文/点评】宁可为了正义而死，也不愿苟且侥幸而活。此言人活得要有尊严、有意义，不能为了活命而放弃所要坚守的"义"等信念。

宁与燕雀翔，不随黄鹄飞。

【注释】出自三国魏·阮籍《咏怀八十三首》之八。鹄（hú），天鹅。

【译文/点评】此以燕雀比平民，以黄鹄比权贵，借此表明诗人宁愿仰首做平民，而不愿屈膝附权贵的志向。

蒲柳之姿，望秋而落；松柏之质，经霜弥茂。

【注释】出自南朝宋·刘义庆《世说新语·言语》。蒲柳，即杨柳。弥，越。

【译文/点评】杨柳青枝绿叶虽美，但秋风一吹便凋落萎谢；松柏的本性，则是越经霜寒而越显苍翠。此语本是顾悦与简文说笑时所说的一番话，顾悦与简文同年，却年少发白，简文问何以如此，顾悦便作如是回答，意在借说头发之事而自道其人格的高尚，同时嘲弄简文人品不及自己。后世引用，多从比喻的角度说明见风使舵者与坚贞如一者两种不同的人格境界。

气如兰兮长不改，心若兰兮终不移。

【注释】出自唐·杨炯《幽兰赋》。兮（xī），句中语气助词，凑足音节，相当于"啊"。若，像。

【译文/点评】气如兰香长久不改，心像兰花始终不移。此以兰花自比，表明自己高洁的人格追求。

清心为治本，直道是身谋。

【注释】出自宋·包拯《书端州郡斋壁》。清心，指清心寡欲，意谓不贪、清廉。治本，指从政的根本和原则。直道，正道直行、走正道而不走歪路。身谋，为自己考虑。

【译文/点评】为官应当以清廉不贪为原则，做人应当正道直行。此乃包拯做官做人的座右铭，也是其明心见性的人格追求之表白。

清越而瑕不自掩，洁白而物莫能污，内坚刚而外温润，有似君子者，玉也。

【注释】出自唐·刘禹锡《明赞论》。清越，清纯脱俗。瑕，玉上的小斑点、小毛病。……者……也，古代汉语判断句形式之一，相当于"……是……"。

【译文/点评】清纯脱俗，瑕疵难掩其整体之美；洁白无瑕，没有什么能够玷污它；内质刚坚而外表温和润泽，就像君子人格一样，这就是玉。此以君子人格比玉，是化具象为抽象，与寻常比喻化抽象为具象的思路不同，却也能别开生面，让人味之思之，觉得新颖隽永。

穷乃见节义，老当志弥刚。

【注释】出自宋·徐梦莘《弹子岩》。穷，指不得志。乃，才。弥，更。

【译文/点评】不得志时不舍弃节义，年老时壮志不减当年。此言在逆境中才能见出一个人的本色。

曲生何乐，直死何悲？

【注释】出自唐·韩愈《奉送严公入朝十韵》。

【译文/点评】委曲求全而生，何来快乐？正直不阿而死，何悲之有？此言有尊严地活着才有快乐，否则就是极大的悲哀，虽生犹死，意在强调人的人格尊严比生死重要。今日我们说"宁可站着死，决不跪着生"，正是此意。

劝君莫弹食客铗，劝君莫叩富儿门。残杯冷炙有德色，不如著书黄叶村。

【注释】出自清·敦诚《寄怀曹雪芹》。食客铗，用战国时代孟尝君门客冯谖弹铗要求孟尝君为其供美食、配坐车的典故。德色，指施惠于人而露出的得意傲人的脸色。黄叶村，代指偏僻的地方。

【译文/点评】此言为士当有志气，不要做寄食于权贵豪门的食客，也不要乞贷于富人门下。与其看别人的脸色而屈辱地生活，不如甘守清贫，著书立说传于后世。

人不可以苟富贵，亦不可以徒贫贱。

【注释】出自宋·苏轼《上梅直讲书》。苟，苟且。亦，也。徒，空、白白地。

【译文/点评】一个人不能为了获得功名富贵而做苟且之事，也不能完全安于贫贱而无所进取。意谓富贵只要得之于正途，也不必刻意拒绝；贫贱的境况有机会得以改变，也不必假装清高而不去争取。此言做人的原则，客观而实事求是，没有伪道学的做派。

人各有志兮，何可思量。

【注释】出自唐·李朝威《柳毅传》。兮，句中语气助词，相当于"啊"。何可，不可。

【译文/点评】此言每个人都有自己的志向，是不可改变的。孔子说"三军可以夺帅也，匹夫不可夺志也"，说的也是这个意思。

人怜直节生来瘦，自许高材老更刚。

【注释】出自宋·王安石《与舍弟华藏院忞君亭咏竹》。怜，爱。直节，指竹。自许，自我期许。

【译文/点评】此以竹的形象自喻，表达了诗人老而弥坚、更具风操节义的人格追求。

人生自古谁无死，留取丹心照汗青。

【注释】出自宋·文天祥《过零丁洋》。丹心，此指报国的忠心。汗青，指史册。古代用竹简刻字，然后烘烤竹简使其出水分，便于保存。

【译文/点评】不畏生死为报国，要留忠心于史册。在人身安全处于极度危险的情况下，诗人首先想到的是国家与民族，以及如何坚持气节、舍身报国。这正是此诗句之所以深切感人的原因所在，也是其千百年来能够激励中国历代志士仁人杀身报国的原因所在。

人所应有，其不必有；人所应无，己不必无。

【注释】出自南朝宋·刘义庆《世说新语·赏誉》。人，他人、别人。其，他。

【译文/点评】一般人所应具有的，他未必都有；一般人不具备的，他不一定没有。此乃晋人桓彝称赞徐宁的话，意谓徐宁有自己独立的人格，不与世俗同流合污。

三军可以夺帅也，匹夫不可夺志也。

【注释】出自先秦《论语·子罕》。三军，指一个大国的军队。夺帅，指丧失主帅。匹夫，一个男人，此指最普通的老百姓。夺志，改变志向。也，句末语气助词。

【译文/点评】一国的军队可以失去主帅，但是一个普通男子的志向却是不可改变的。这是孔子的名言，曾激励了中国古往今来无数的志士仁人在艰难困苦的环境中不为利害所动，坚守名节，最终成为名垂青史的烈性好男儿。

生当作人杰，死亦为鬼雄。

【注释】出自宋·李清照《乌江》。

【译文/点评】楚霸王项羽由于刚愎自用，在秦末逐鹿中原的争霸中最终败给了刘邦。兵败垓下之后尽管仍有卷土重来的机会，他却因羞于渡过乌江见江东父老而自刎于乌江边上，让千古有识之士为之扼腕长叹。尽管如此，他那光明磊落的性格、叱咤风云的豪气、"力拔山兮气盖世"的英勇气概、"破釜沉舟"与"背水一战"的破秦赫赫战功，却是抹杀不了的历史事实。上述两句正是基于这些历史事实而对项羽的评价，对项羽的人格与功绩的推崇之意可谓淋漓尽致。

生得其名，死得其所。

【注释】出自明·罗贯中《三国演义》第三十七回。

【译文/点评】此言活着要有成就与尊严，死要死得有价值。

生以辱，不如死以荣。

【注释】出自汉·董仲舒《春秋繁露·竹林》。以，连词，而。

【译文/点评】此言宁可有尊严地死而不愿屈辱地活着。

这是中国历代正人君子都非常欣赏的生死观。

失身取高位，爵禄反为耻。

【注释】出自清·沈德潜《咏史》。失身，指失去人格气节。爵禄，代指官位、金钱。

【译文/点评】此言为取得爵禄而不惜出卖人格气节是为人所不齿的，意谓人格与气节对人的重要性远非爵禄等世俗的身外之物所能相比的。

时穷节乃见，一一垂丹青。

【注释】出自宋·文天祥《正气歌》。时穷，指时势艰难。乃，才。一一，（每一个）都。丹青，指画。垂丹青，指流传后世。

【译文/点评】此言在艰危的时局中才能表现出一个人的人格气节，能够经受考验的人都会流芳百世，意在鼓励世人做人要有气节，要有留名青史的志向。

士穷乃见节义。

【注释】出自唐·柳宗元《柳子厚墓志铭》。士，指读书人、知识分子。穷，此指不得志。乃，才。

【译文/点评】此言在不得志的情况下最能考验一个读书人是否能够坚守气节与道义。

守道而忘势，行义而忘利，修德而忘名。

【注释】出自宋·苏轼《文与可字说》。道，指儒家所宣扬的价值观。势，权势。

【译文/点评】为了坚守"道"的底线而不屈从于权势，为了践行"义"而不受利益的诱惑，为了修养"德"而不追求俗世的虚名。此言君子以"守道"、"行义"、"修德"为人生追求的人格理想。

受屈不改心，然后知君子。

【注释】出自唐·李白《赠韦侍御黄裳二首》。心，指意志、心志、理想。

【译文/点评】此言受到冤屈而不怨天尤人，一如既往地坚守原来的志向节操，这才是真君子。强调君子应该以坚守人格节操为其本色。

谁人得似张公子，千首诗轻万户侯。

【注释】出自唐·杜牧《登九峰楼寄张祜》。得似，能够像。万户侯，食邑万户的列侯，喻指高官厚禄。

【译文/点评】此二句意思是说，这个世上还有谁像张公子（祜）一样，把诗看得比爵封万户侯还重呢？"千首诗"与"万户侯"都是夸张的说法，前者极言诗作之多，后者极言地位之尊贵。但是，一个动词"轻"字，却将两者联系起来并作了比较，不露痕迹地赞美了张公子人格的清纯高尚、非比俗众。

死犹未肯输心去，贫亦其能奈我何？

【注释】出自明·黄宗羲《山居杂咏》。犹，还、仍然。输心，违背良心。亦，也。奈我何，拿我没办法。

【译文/点评】即便死亡也不能让我违背自己的意愿理想，

贫困又岂能难倒我呢？此言乃是表达作者为了理想"死亡不屈节"、"贫贱不移志"的人格追求。

岁寒，然后知松柏之后凋也。

【注释】出自先秦《论语·子罕》。岁，年。岁寒，一年的寒冷时节。之，放在主谓语之间，取消句子的独立性。凋，凋零、凋谢。也，句末语气助词。

【译文/点评】只有到了最严寒的时候，才知道松、柏之叶是最后凋零的。这是孔子以松、柏岁寒而不凋比喻君子独立不羁的高尚人格之语。对于加强个人独立人格的培养，此名言是永远值得我们记取的。

太阿之剑，犀角不足齿其锋；高山之松，霜霰不能渝其操。

【注释】出自唐·张九龄《与李让侍御书》。太阿，传说中的古代宝剑。犀角，指犀牛之角。齿，通"啮（niè）"，咬，此指磨损。霰（xiàn），小雪珠。渝，改变。操，节操。

【译文/点评】太阿宝剑，犀牛角再硬也挫不了它的剑锋；高山松柏，霜雪再大也不能改变其傲霜斗雪、挺立不凋的本性。此乃以宝剑、高松的特质为喻，形象地写出了特立独行、高风劲节的君子形象。

泰山崩于前而色不变。

【注释】出自宋·苏洵《心术》。

【译文/点评】此句以比喻修辞法表现临危不惧、处变不惊的人生态度，后世多用以形容高洁之士守志不移的人格魅力。

吞舟之鱼，不游枝流；鸿鹄高飞，不集污池。

【注释】出自先秦《列子·杨朱》。吞舟之鱼，能吞下小船的鱼，比喻很大的鱼。枝流，支流。鸿鹄，天鹅。集，停留、栖息。

【译文/点评】大鱼不游于细流之中，高飞的天鹅不栖息于污秽的池水中。此以吞舟之鱼、高飞的天鹅的生活习性为喻，强调说明有志之士、高洁之人不肯随从流俗的品行。

我是个蒸不烂、煮不熟、捶不扁、炒不爆、响当当一粒铜豌豆。

【注释】出自元·关汉卿《一枝花·不伏老》。

【译文/点评】此句以铜豌豆为喻，形象生动地表明了作者特立独行、刚正不阿的人格追求。

焉能作堂上燕，衔泥附炎热。

【注释】出自唐·杜甫《去矣行》。焉，怎么。炎热，比喻权势、权贵。

【译文/点评】怎么能像燕子一样，为了趁点暖热而入堂上筑巢？此乃以燕入堂上筑巢为喻，在指斥那些为了名利而趋炎附势、攀依权贵的小人的同时，从反面立意，明确表达了诗人自己刚正不阿、守志不移的人格追求。

一蓑烟雨任平生。

【注释】出自宋·苏轼《定风波》。蓑（suō），蓑衣，古代避雨的雨具。

【译文/点评】此句表面是写雨中行路的从容之态，内里则暗寓了作者面对人生挫折而处之泰然的旷达豪迈之情，颇有一种笑傲江湖的侠士之风，读之让人顿起无限的景仰之情。

一夕小敷山下梦，水如环珮月如襟。

【注释】出自唐·杜牧《沈下贤》。小敷山，又叫福山，在今浙江湖州乌程县西南二十里，是唐代著名诗人沈亚之（字下贤）故居所在地。环珮，指环珮之声。襟，指襟怀。

【译文/点评】此二句本是要追思凭吊所怀之人——沈亚之的诗格与人品，却只字不及其人，只是以"一夕小敷山下梦"所梦到的景物表而出之。"水如环珮"，写声音；"月如襟"，写色彩。以沈亚之所居之所的流水之声喻环珮相叩之声，又以皎洁的月色喻沈亚之的襟怀，都是由物喻人，暗衬出所怀之人沈亚之人格与诗品的高洁。因为"水"、"玉"、"月"都有高洁的象征意义。

意之所向，虽金石莫隔。

【注释】出自宋·苏轼《葆光法师真赞》。虽，即使。隔，阻隔。

【译文/点评】意志所向，即使是金石也不能阻断。此句以比喻修辞法，形象生动地表明为了真理、理想而百折不挠的人格追求。

勇将不怯死以苟免，壮士不毁节而求生。

【注释】出自明·罗贯中《三国演义》第七十四回。怯，怕。以，而。苟免，苟且免死。节，名节、气节。

【译文/点评】勇将不惧怕死亡而苟且偷生，壮士不自弃名节而乞求残生。此言将领与壮士应当有勇气、骨气，要将名节置于生死之上。

有死之荣，无生之辱。
【注释】出自先秦《吴子·论将》。
【译文/点评】将领宁可光荣而死，不可屈辱地活着。此言将领要有人格气节，不可投敌变节。

在山泉水清，出山泉水浊。
【注释】出自唐·杜甫《佳人》。
【译文/点评】此以泉水的在山与出山清浊度不同为喻，形象地阐明了这样一个人生道理：看淡名利（在山，即以出世的态度远离世俗），就能保持自己高尚的人格；看重名利（出山，即以入世的态度与世俗同流合污），就会失去清厉的节操。

在山为远志，出山为小草。
【注释】出自元·赵孟頫《罪出》。远志，一种草药名，又名"小草"。
【译文/点评】在山林中这种草药称为"远志"，出山之后便被人称为"小草"。这是以草药远志名称的变化为喻，说明一个人高蹈山林、不肯折节，便是君子高人；随波逐流、屈辱为官，便是小人败类。这是赵孟頫在南宋亡国之后出仕于元朝时的矛盾、痛苦心情的表露。因为在汉族士大夫看来，前朝覆灭，大臣另投新朝之主，已是不可宽恕的变节行为；而要出仕入主中原的异族政权，那就更是不可饶恕了。而诗人赵孟頫不是一般汉族士大夫，而是宋太祖赵匡胤的十一世孙，而今在自家江山被元人夺去之后还要屈节仕元，心里的痛苦与矛盾自然可以想见了。《世说新语》记载东晋谢安原有隐居东山之志，后出山为桓温司马，于是时人有讽刺语曰："处则为远志，出则为小草。"赵孟頫此二句诗即是化自于此典故，不过它不是讽刺别人，而是自嘲。

在上不骄，在下不谄。

【注释】出自宋·王安石《上龚舍人书》。在上，指处于高位。在下，指处于下位。骄，傲慢。谄，讨好、献媚。

【译文/点评】做大官不得意傲人，不可一世；做小吏不讨好献媚，丧格谀主。此言做官事小，做人要紧，高尚的人格比仕途的飞黄腾达更重要。

朝与仁义生，夕死复何求？

【注释】出自晋·陶渊明《咏贫士七首》之四。朝，早上。与，和、跟。复，又、还。

【译文/点评】早随仁义一起生，晚上死了又何妨？此言应把对仁义的追求作为人生的最终目的，与孔子所说"朝闻道，夕死可矣"同义，表达的是追求仁义的坚贞之志。

振衣千仞岗，濯足万里流。

【注释】出自晋·左思《咏史八首》其五。振衣，抖落衣服上的灰尘。仞，八尺为仞。濯足，洗脚。

【译文/点评】振衣于千仞之岗，濯足于万里长流，是诗人理想中的隐居生活，更是一种涤除尘世污垢、不与世人同流合污的人格追求。

直如朱丝绳，清如玉壶冰。

【注释】出自南朝宋·鲍照《代白头吟》。朱，红色。

【译文/点评】此言为人应当刚直不阿、人品应当洁白无瑕。前句以"朱丝绳"喻为人的刚直，后句以"玉壶冰"喻人品的洁白无瑕，皆是运用比喻修辞法，表意生动形象，鲜明地凸显了诗人的人格追求。

志士不饮盗泉之水，廉者不受嗟来之食。

【注释】出自南朝宋·范晔《后汉书·列女传》。盗泉，古泉名，故址在今山东省泗水县东北。盗泉之水，常用以比喻以不正当手段得到的东西。嗟来之食，典出于《礼记·檀弓下》所记的一个历史故事：春秋时代齐国发生饥荒，黔敖备了食物以待饥者。当看到一个饥民疲惫地来到面前时，他左手捧食，右手执水，对那饥民说："嗟！来食!"结果，那饥民认为黔敖的口气不礼貌，不吃他的食物而饿死。成语"嗟来之食"即源于此，意指带有侮辱性的施舍。

【译文/点评】有志之士不喝盗泉之水，清廉之人不受嗟来之食。此言有志气、有节操的人不会为了生存而违背道义、放弃节操。

忠不避危，爱无恶言。

【注释】出自先秦《晏子春秋·外篇七之十一》。

【译文/点评】为了忠义而不避危难，为了仁爱而不说厌恶别人之言。此言为了践行"忠"、"爱"的理想，当有忍辱负重、临危不畏的精神。

众人重利，廉士重名，贤士尚志，圣人贵精。

【注释】出自先秦《庄子·刻意》引野谚。众人，指普通人。尚，崇尚。贵，重视。精，纯粹、精神。

【译文/点评】普通人看重的是利益，廉洁之士看重的是清名，贤能之士崇尚的是实现理想，圣人着重的是精神世界的修炼。此言不同的人有不同的价值追求，各有其人格气节。

子美千间厦，香山万里裘。

【注释】出自清·叶璐《读杜白二集》。子美，即杜甫。香山，即白居易。

【译文/点评】此暗用杜甫诗句（《茅屋为秋风所破歌》："安得广厦千万间，大庇天下寒士俱欢颜。"）和白居易诗句（《新制布裘》："安得万里裘，盖裹周四垠。稳暖皆如我，天下无寒人。"），以二人诗中所表达的心志凸显二人的心胸，从而歌颂其高尚的人格追求。

纵死侠骨香，不惭世上英。

【注释】出自唐·李白《侠客行》。

【译文/点评】为了行侠仗义，纵然死了也会青史留名，为人们所称道，不愧为人中英杰。此言为正义而死的意义。

人生感悟

哀吾生之须臾，羡长江之无穷。

【注释】出自宋·苏轼《前赤壁赋》。须臾，极短的时间。

【译文/点评】此以长江之水的无穷无尽与人生的短暂相对比，感慨人类生命的短暂。

傲杀人间万户侯，不识字烟波钓叟。

【注释】出自元·白朴《沉醉东风·渔夫》。叟，老人。

【译文/点评】不读书，不识字，江边垂钓翁可以自由自在地生活，对食邑万户的侯爵也不正眼看一眼。此语意在感叹读书人为了功名富贵"摧眉折腰事权贵"而不得自由的痛苦之情。

变故在斯须，百年谁能持?

【注释】出自三国魏·曹植《赠白马王彪》。变故，意外的祸患。斯须，顷刻之间。百年，代指一生。持，保持、不变化。

【译文/点评】意外的变故就在顷刻之间，谁能左右得了自己的一生呢?此乃"命运不由人"的人生感叹之辞。

遍地关山行不得，为谁辛苦尽情啼？

【注释】出自清·尤侗《闻鹧鸪》。行不得，鹧鸪的叫声类于"行不得也哥哥"。

【译文/点评】所到之处都能听到鹧鸪啼叫"行不得"，你怎么还长年不归而四处奔波呢？此以鹧鸪哀啼为喻，说明人生道路艰难，不知辛苦忙碌所为何事。

不如意事常八九，可与语人无二三。

【注释】出自宋·方岳《别子才司令》。可与语人，可以跟他说话的人。

【译文/点评】人生不如意的事十有八九，可以交心的朋友十人之中也不过二三人而已。此乃感叹"人生苦难多、知心朋友少"之辞。

尘世难逢开口笑，人生待足何时足？

【注释】出自宋·赵善括《满江红》。

【译文/点评】此言人生欢乐本就不多，人应知足并把握有限的时间及时行乐。

成败何足论，英雄自有真。

【注释】出自清·万邦荣《偶感》。

【译文/点评】此言是否英雄并不完全由失败论定。意谓成败带有一定的偶然因素，因偶然因素成功而并不完全凭真能力的人，也算不得英雄。此与传统的"成者为王败者寇"的观点不同。

赤条条，来去无牵挂。

【注释】出自清·曹雪芹《红楼梦》第二十二回。赤条条，指一丝不挂。

【译文/点评】此言意在劝人将金钱、功名等身外之物看淡。与"生不带来，死不带去"的俗语同义。

畴昔叹时迟，晚节悲年促。

【注释】出自晋·张协《杂诗十首》其四。畴昔，过去、以前。叹时迟，感叹时间过得慢。晚节，晚年、年老时。悲年促，悲叹时间过得快。

【译文/点评】少年、青年时代，富于青春，总觉得时间过得慢；而到了老年时则又有时日不多之感，于是便有了时间过得太快的感觉。此句的妙处在于说出了人类这种共同的心理与情感体验，令人回味不已。

传语后世人，远嫁难为情。

【注释】出自晋·石崇《王明君辞》。传语，告诉。难为情，指不堪其苦、隐衷难言。

【译文/点评】此写王昭君远嫁匈奴的悔恨之情。

儿时只道为官好，老去方知行路难。

【注释】出自宋·裴无量《归兴》。儿时，指少年时代。行路难，指仕途艰难。

【译文/点评】此乃感叹仕途艰难、宦海苦多之辞。

繁华有憔悴，堂上生荆杞。

【注释】出自三国魏·阮籍《咏怀八十二首》其三。堂，殿堂。荆杞，荆、杞都是一种杂树。

【译文/点评】繁华也有消歇的时候，高堂也会衰败而生荆杞等杂树。此言世上一切皆在变化之中，荣衰并不是永久不变的，意在劝人看淡俗世的一切繁华。

浮生聚散云相似，往事冥微梦一般。

【注释】出自唐·张继《重经巴丘》。冥微，幽暗、不明显。

【译文/点评】此写人生的感慨。前句将人生聚散比作飘浮不定的云，意在感叹命运的捉摸不定；后句将往事比梦，意在感叹往事不堪回首。

浮生若梦，为欢几何？

【注释】出自唐·李白《春夜宴诸从弟桃李园序》。若，像。

【译文/点评】人生就像一场梦，欢乐之时有多少？此乃感叹人生苦短、欢乐不常之辞。

富贵不归故乡，如衣绣夜行。

【注释】出自汉·司马迁《史记·项羽本纪》。如，像。衣，穿。绣，指漂亮的衣服。

【译文/点评】富贵发达之后不回到自己的故乡，就像是穿着漂亮衣服在黑夜中行走一样。这是项羽的话，典型地表现了其目光的短浅。《史记·项羽本纪》记其事有云，项羽破关入咸阳后,有人建议他定都咸阳。"项王见秦宫室皆以烧残破,又心怀思欲东归,曰:'富贵不归故乡,如衣绣夜行,谁知之者!'说者曰:'人言楚人沐猴而冠耳,果然。'项王闻之,烹说者。"后来项羽败在刘邦之手,正是由于此时错失良机的缘故。

富贵苟难图,税驾从所欲。

【注释】出自晋·陆机《如隐》。苟,如果。图,达到。税,通"脱"。从所欲,从心所欲。

【译文/点评】如果仕途不通,富贵不可求,那还不如弃却车驾,遁入山林,过着从心所欲的隐居生活。这是诗人失意后的无奈慨叹,也是中国古代读书人逃避现实、自我麻痹的一种办法,其中的辛酸也是可以想见的。

富贵易为善,贫贱难为工。

【注释】出自南朝宋·范晔《后汉书·冯衍传》。工,精、精巧。

【译文/点评】富贵的人容易做成好事,贫贱的人则没能力把善事做好。此言经济实力对于"为善"的重要性。

富老不如贫少,美游不如恶归。

【注释】出自明·高启《悲歌》。

【译文/点评】富有的老人不如贫寒的少年,出外游访再快乐也不如回到自己的穷家。此言青春是人最大的财富,身在故乡是最大的幸福。

高树多悲风，海水扬其波。

【注释】出自三国魏·曹植《野田黄雀行》。

【译文/点评】此乃以树大招风、海大兴波之意，感叹做人做官之难：德高易为众人毁，宦海无涯风浪多。

功业未及建，夕阳忽西流。时哉不我与，去乎若浮云。

【注释】出自晋·刘琨《重赠卢谌》。未及，没来得及。忽，很快。西流，指西下、西沉。哉、乎，语气助词，相当于"啊"。不我与，不给我。若，像。

【译文/点评】功业预期没成功，夕阳冉冉已西沉。时间一去不待人，来日无多如浮云。此乃感叹功业难成、时光易逝之辞。

古来英雄士，俱已归山阿。

【注释】出自明·刘基《薤露歌》。俱，都。山阿，山谷。归山阿，死的婉称。

【译文/点评】此言不管当初如何叱咤风云、不可一世的人，终究还是免不了一死。意在劝人将功名事业看淡，不必那么执着、痛苦。

海外徒闻更九州，他生未卜此生休。

【注释】出自唐·李商隐《马嵬二首》之二。更九州，另外还有一个世界，指仙境。卜，预料。休，结束。

【译文/点评】此言传说中的海外仙境是靠不住的，今生如何都难以逆料，哪里还用得着指望来生呢？这是嘲讽唐玄宗在杨贵妃死后寻道士为其招魂行为的愚蠢。

何意百炼刚，化为绕指柔。

【注释】出自晋·刘琨《重赠卢谌》。何意，哪里想到。刚，即钢。

【译文/点评】此乃以坚硬的百炼之钢化为柔软得可以绕指的物体作比，感叹人在历经多次失败后的无能为力的无奈。

恢恢六合间，四海一何宽。

【注释】出自晋·欧阳建《临终诗》。恢恢，广大、宽广之貌。六合，天地。四海，天下。一何，何等。

【译文/点评】此乃感叹天地之大、人之渺小，意在劝人应有开阔的胸襟和达观的人生态度。

既不能流芳后世，亦不足复遗臭万载邪？

【注释】出自南朝宋·刘义庆《世说新语·尤悔》。亦，也。邪，吗。

【译文/点评】既然不能流芳百世，难道还不能遗臭万年吗？这是东晋权臣桓温的话，意谓只要能在青史上留名，让后人记住自己，就可以不择手段，好名坏名都不必在意。

皎皎云间月，灼灼叶中华。岂无一时好，不久当如何。

【注释】出自晋·陶渊明《拟古诗九首》之七。皎皎，明亮的样子。灼灼，鲜艳的样子。叶中华，即叶中花。

【译文/点评】此言明月、鲜花虽美，但都是美在一瞬间，好景难长在的。这既是感物之辞，也是感叹人生之辞。事物如此，人事又何尝不是如此？

结庐在人境，而无车马喧。问君何能尔？心远地自偏。

【注释】出自晋·陶渊明《饮酒二十首》。结庐，造房子。人境，人间。喧，喧闹。尔，如此。

【译文/点评】如能从内心深处摒弃世俗的杂念，即使人欲横流，身处闹市，也会心静如水，过自己的隐居生活。意谓做隐士重要的是加强内心修炼，无欲自然远离尘世俗念。

结驷列骑，所安不过容膝；食方丈于前，所甘不过一肉。

【注释】出自先秦《韩诗外传》。驷，同驾一辆车的四匹马。结驷，套上四匹马拉的马车。列骑，排列骑兵仪仗。安，安居。容膝，指仅够容膝的居室。食方丈，指吃饭时食物摆满面前食案有一丈见方。甘，认为好吃。

【译文/点评】车马成队，浩浩荡荡，排场声势虽大，但坐在车上的人也不过只占据他身体能占的一小块地方；山珍海味，摆满食案，能吃进主人肚子的也不过一碗肉而已。此言意在劝人应该把身外之物看得达观一些，不必太过于追求俗世的荣华。

老少同一死，贤愚无复数。

【注释】出自晋·陶渊明《形影神三首·神释》。

【译文/点评】此言人皆有一死，不论老少、贤愚。一语道出客观世界的真理与自然规律，对世人幻想成仙得道是一种警醒。

力田不如逢年，善仕不如遇合。

【注释】出自汉·司马迁《史记·佞幸列传》。力田，努力耕作。逢年，遇到好年成。善仕，会做官。遇合，遇到知音，此指得到君王的赏识。

【译文/点评】努力耕作不如遇到一个风调雨顺的好年景，那样不费多少力气也能有个好收成；会做官、会钻营、会做事，不如遇到一个赏识你的好君王，那就一步登天了。此以力田不如逢年为喻，说明仕道的顺利不在自己的努力，而在于有没有赏识你的坚强后台。我们今天说"运气胜于能力"，说的也是这个意思。

两岸为谷，深谷为陵。

【注释】出自先秦《诗经·小雅·十月之交》。岸，此指山崖。陵，山陵。

【译文/点评】山崖下陷为山谷，深谷上升为山陵。此言地震后地质结构所发生的巨大变化。后世引用此语，意在感叹世事变化之快，表达的是一种沧海桑田的巨变感。

茅檐日出胜重裘，饱饭看山倦即休。识得个中真趣味，自然无梦到封侯。

【注释】宋·薛嵎《冬日杂言》。

【译文/点评】此言冬天茅檐之下晒太阳、饭饱之后看青山的平淡生活，对于识得其中真味的人，自然不会羡慕封侯拜相。意谓一个人生活幸福与否，是与他的认知与人生观密切相关的。

年年岁岁花相似，岁岁年年人不同。

【注释】出自唐·刘希夷《代悲白头翁》。

【译文/点评】此以人、花作对比，感叹花谢了会再开，年年如此，而人则难以返老还童。光阴似箭，人寿几何？

暖气潜催次第春，梅花已谢杏花新。半开半落闲园里，何异荣枯世上人。

【注释】出自唐·罗隐《杏花》。次第，依次。

【译文/点评】此言在春气的催动下，梅花与杏花依次开放，开谢交替，就像世人荣衰更迭一般。这是借咏花来感叹人世荣华富贵之无常。

蓬莱今古但闻名，烟火茫茫无觅处。

【注释】出自唐·白居易《海漫漫》。蓬莱，指传说中的海中仙山。但，只。

【译文/点评】此言寻求成仙的途径、希望长生不死的想法是荒唐而不可靠的。

千秋万岁后，谁知荣与辱。

【注释】出自晋·陶渊明《拟挽歌辞三首》之一。

【译文/点评】此言人死之后一切都是空，意在劝人豁达，看淡功名荣辱，不必斤斤计较于世俗的名利得失。

穷达有命，亦又何求。

【注释】出自三国魏·嵇康《幽愤诗》。穷，不得意。达，得意。亦，也。

【译文/点评】人的穷通富贵、得意失意，全在命运，明白了这点，还有什么可以愤愤不平的呢？还有什么值得苦苦追求的呢？这是诗人在司马氏残酷黑暗的政治环境中命不由己的自我宽慰之言，看似达观，实则表露了深深的无奈与幽愤。

人道青山归去好，青山曾有几人归？

【注释】唐·杜牧《怀紫阁山》。道，说。青山归去，归故乡。

【译文/点评】人们常说归乡好，可是又有几人能放得下功名富贵而停止奔走他乡呢？此言在"思乡"与"思得"两个方面，通常是"思得"的现实考量占了上风。

人各有志，所规不同。

【注释】出自晋·陈寿《三国志·魏书·邴原传》裴松之注引《原别传》。规，趋向。

【译文/点评】人的志向各不相同，所趋向的人生方向也有所不同。此言志向不同，追求就会不同；或者说，有不同的人生追求，就会有不同的志向。

人家见生男女好，不知男女催人老。

【注释】出自唐·王建《短歌行》。人家，别人。男女，指儿女。

【译文/点评】此言儿女虽好，但在儿女成长的过程中，自己也一天天变老。

人皆养子望聪明，我被聪明误一生。惟愿孩儿愚且鲁，无灾无难到公卿。

【注释】出自宋·苏轼《洗儿戏作》。惟，只。愿，希望。

鲁，鲁钝。公卿，指三公九卿，中国古代权位最显赫的朝臣。

【译文/点评】此言既是感叹自己聪明过人却在仕途上遭遇挫折的命运，同时也辛辣地讽刺了庸人当道、小人掌权的社会现实。

人生不得长少年，莫惜床头沽酒钱。

【注释】出自唐·岑参《蜀葵花歌》。

【译文/点评】此言人生苦短，不如及时行乐。与曹操"对酒当歌，人生几何"的理念一样，既是对功业难成的悲叹，也是对人生苦短的感慨。

人生处一世，去若朝露晞。

【注释】出自三国魏·曹植《赠白马王彪》。去，离开（人世）。晞（xī），干、干燥。

【译文/点评】此乃感叹人生之短暂，犹如朝露之易干。

人生代代无穷已，江月年年只相似。

【注释】出自唐·张若虚《春江花月夜》。

【译文/点评】此乃感叹人事易逝、自然永恒之辞，表达的是一种对大自然的敬畏与对人生苦短的感慨之情。

人生到处知何似，应似飞鸿踏雪泥。泥上偶然留指爪，鸿飞那复计东西。

【注释】出自宋·苏轼《和子由渑池怀旧》。鸿，雁。复，又。

【译文/点评】此以飞雁作比，抒发了诗人生活漂泊不定的苦情。

人生非金石，岂能长寿考？奄忽随物化，荣名以为宝。

【注释】出自汉·无名氏《回车驾言迈》。考，老。长寿考，即长寿。奄忽，倏忽。随物化，死亡。荣名，美好的名声。

【译文/点评】此言乃在阐发这样一个人生道理：人生苦短，肉体很快会消亡，但是美好的名声则可长留人间，意乃在劝人修德。

人生贵贱无终始，倏忽须臾难久恃。

【注释】出自唐·卢照邻《行路难》。倏（shū）忽，极快地。须臾（yú），一会儿。恃，依靠。

【译文/点评】此乃感叹人生贵贱与命运的不确定性。

人生忽如寄，寿无金石固。万岁更相送，圣贤莫能度。

【注释】出自汉·无名氏《驱车上东门》。忽，恍惚。如，像。"人生忽如寄"，意指人生一世，恍惚就像在旅舍寄宿，匆匆一夜而已，极言人生之短暂。万岁，借指永恒。送，更送、更替。度，超越。

【译文/点评】人生苦短，犹如寄宿，匆匆一夜，便要出门。人命脆弱，不比金石。年复一年，更送永恒。圣人贤哲，概莫能外。此乃叹息生命之短暂，人生之如梦。虽然语带悲观色彩，却真实地道出了人生的真谛。

人生寄一世，奄忽若飙尘。

【注释】出自汉·无名氏《今日良宴会》。寄，寄居。"人生寄一世"与"人生如寄"，皆是言人生如同旅舍寄宿，匆匆一夜而已，极言人生之短暂。奄忽，急遽、迅速。若，像。飙（biāo），自下而上的暴风。飙尘，卷在暴风中的灰尘。

【译文/点评】此以卷在暴风中的灰尘比喻人生的短暂与微不足道，透露着深深的人生无奈感。人在失意时，尤易生出此感。

人生开口笑，百年都几回。

【注释】出自唐·白居易《喜友至留宿》。都，共。

【译文/点评】此言人生世上，得意快乐之时少，苦难悲愁时候多，与俗语"人生不得意事常八九"同义，都是对人生艰难的感叹。

人生如梦，一尊还酹江月。

【注释】出自宋·苏轼《念奴娇》。尊，同"樽"，酒杯。酹（lèi），把酒洒在地上表示祭奠。

【译文/点评】人生仿佛就是一场梦，对于自己的前途都不能把握，于是只能借酒浇愁。但是，借酒浇愁却连个知己酒友也没有，因此也就只能对月把盏，向月亮倾吐苦衷了。此写人生不得意的苦闷之情，不得意人读之尤能激起情感共鸣，心有戚戚焉。

人生如逆旅，我亦是行人。

【注释】出自宋·苏轼《临江仙》。如，像。逆旅，旅店。

亦,也。

【译文/点评】此言人生短短几十年,就像是外出行路之人,寄居于旅店一宿罢了,意在感叹人生苦短。

人生若尘露,天道邈悠悠。

【注释】出自三国魏·阮籍《咏怀八十二首》其三十二。若,像。尘露,灰尘和朝露。天道,指宇宙。邈悠悠,在此句中修饰天道,形容远不可及的人生之道。

【译文/点评】此以灰尘和朝露比喻人生的渺小与短暂,与天地宇宙的永恒相对比,表达了一种"生也有涯"的消极人生观。

人生若浮寄,年时忽蹉跎。

【注释】出自晋·张华《轻薄篇》。若,像。浮,指浮萍。寄,住旅舍。忽,快速。

【译文/点评】此言乃感叹人生如浮萍无根,又如寄住旅舍般匆匆而过,时光易逝,韶华难驻。

人生天地间,忽如远行客。

【注释】出自汉·无名氏《青青陵上柏》。忽,恍惚。如,像。

【译文/点评】此乃自古以来无数贤哲对生命与人生的感叹,感宇宙之无限,叹人生之短暂。

人生天地间,如白驹之过隙,忽然而已。

【注释】出自先秦《庄子·知北游》。白驹,白马,此喻阳光。忽，迅速的样子。而已，罢了。

【译文/点评】人生在世就像阳光穿过云层的缝隙，只是瞬间罢了。此以比喻修辞手法形象地说明了天地永恒、人生有限的哲理。

人生无百岁，百岁复如何？

【注释】出自明·刘基《薤露歌》。

【译文/点评】此言人的生命是有限的，不必对寿命有过高的预期，更不必追求那虚无缥缈的长生不老的目标。这话我们今天也可以这样解读：人生的意义并不在于生命的长短，而在于他生活的质量，还有他对社会的贡献。否则，即使长生不老，生命的意义也不大。

人生无根蒂，飘如陌上尘。

【注释】出自晋·陶渊明《杂诗十二首》之一。陌，路。

【译文/点评】此以陌上之尘随风而飘为喻，形象地抒发了诗人对人生漂泊不定的感慨之情。

人生行乐耳，须富贵何时？

【注释】出自汉·杨恽《报孙会宗书》。耳，罢了。须，等待。

【译文/点评】人生在世本来就是为了追求快乐罢了，若要苦身而待富贵，那要到何时？此言人生苦短，应该及时行乐，今日有酒今日醉，明日有愁明日愁。

人生一世，草生一秋。

【注释】出自明·施耐庵《水浒全传》第十五回。

【译文/点评】人生的短暂，就像草从春到秋迅即萎谢一样。此以草青易枯为喻，形象地说明了人类生命的短暂，表现的是对生命短促的无奈之情。

人生由命非由他，有酒不饮奈明何？

【注释】出自唐·韩愈《八月十五夜赠张功曹》。

【译文/点评】此言命运不由人，不如今朝有酒今朝醉，意在劝人珍惜今日、及时行乐。

人生有离别，岂择衰盛端？

【注释】出自唐·杜甫《垂老别》。衰盛端，指年老与年轻之时。

【译文/点评】此言离别之苦在人生的任何时段都有。

人生自是有情痴，此恨不关风与月。

【注释】出自宋·欧阳修《玉楼春》。

【译文/点评】此言人生本来就有离愁别恨等情感，并不是因为凄风、冷月等外物的影响所致。

人似秋鸿来有信，事如春梦了无痕。

【注释】出自宋·苏轼《正月二十与潘郭二生出郊寻春》。鸿，大雁。来有信，指"走马还寻去年村"的郊外寻春活动。事，此指诗人因"乌台诗案"而入狱的事件。

【译文/点评】大雁秋天南飞、春天北归，非常有规律，从不懈怠。自己也如大雁一样，每年春天到来时都要出郊寻春，但往事却如春梦一般了无痕迹（这是反话，实际是不能忘记）。意谓在遭受"乌台诗案"的打击之后，现在又再次被贬谪，只能将往事统统忘却。也就是说，痛苦太深，唯有忘却才能消除心中的烦恼。后一句被后世引申运用，表示某事在人心中没有留下任何印象。

人言生日短，愁者苦夜长。

【注释】出自晋·傅玄《秋胡行》。生日短，指有生之日短暂。苦，苦于。

【译文/点评】欢乐之时觉得时间易逝，忧愁时才知时间漫长。人生苦短，而愁者却觉夜长，可知愁者之愁多。

人意共怜花月满，花好月圆人又散。

【注释】出自宋·张先《木兰花》。怜，爱。

【译文/点评】此言花好月圆是人人都爱的，但好景不常在、好花难不败，也是不可回避的客观事实。因此，就像花好月圆难以长久一样，人与人之间的聚合也是难以长久的，有情人也有惜别分手之时。这是借花月来感叹情人间聚少离多的悲苦。

人之百年，犹如一瞬。

【注释】出自唐·王勃《秋夜于绵州群官席别薛升华序》。百年，代指一生。犹如，好像。瞬，眨眼。

【译文/点评】人生在世，就像一眨眼的工夫。此乃对人生苦短的感叹之辞。

如何四纪为天子，不及卢家有莫愁。

【注释】出自唐·李商隐《马嵬二首》之二。纪，十二年。莫愁，古乐府诗中传说的女子，有三种说法，一说是石城（今湖北钟祥）人，一说是洛阳人，一说是金陵（今南京）人。梁武帝《河中之水歌》有云："河中之水向东流，洛阳女儿名莫愁。十五嫁为卢家妇，十六生儿字阿侯。"

【译文/点评】此言唐玄宗虽贵为天下至尊，而且是做了几十年的皇帝，却连自己心爱的女人也保护不了，还不如一个普通的男人。杨玉环虽贵为大唐贵妃，而且是集万千宠爱于一身，最后却无辜地死在马嵬坡下。作为一个女子，她还比不上平民卢家的媳妇莫愁幸福。这是感叹唐玄宗与杨贵妃可悲人生之辞。

儒生无力荷干戈，乱后篇章感慨多。

【注释】出自宋·王庭珪《和康晋侯见赠》。荷，负、扛。干戈，代指武器。

【译文/点评】此言读书人不能拿起武器上战场，只能在战乱之后写写文章发点感慨而已。此与清人黄景仁"百无一用是书生"的诗句同义，都是感叹读书人在乱世的无能无奈。

儒者之病，多空文而少实用。

【注释】出自宋·苏轼《与王庠书》。儒者，指读书人。

【译文/点评】读书人的毛病是多做空谈的文章，而很少有经世致用的实际才干。这是苏轼以读书人对读书人的了解而对一般读书人通病的指摘，可谓切中要害，值得读书人警醒。

三皇大圣人，今复在何处？

【注释】出自晋·陶渊明《形影神三首·神释》。三皇，指上古时代的帝王，有很多种说法（如伏羲、女娲、神农，燧人、伏羲、神农等等）。复，又。

【译文/点评】此乃诗人对生死问题的看法，对当时盛行的长生成仙之说是一种反动。

善万物之得时，感吾生之行休。

【注释】出自晋·陶渊明《归去来兮辞》。善，认为好、羡慕。之，放在主谓语之间，取消句子的独立性。得时，指万物都有复苏的时候。感，感叹。吾，我。行休，即将结束。

【译文/点评】真的很羡慕大自然中的万物都有待时而复苏的时候，可惜我的生命却即将结束了。此是诗人感物而伤情的话，也是对人生苦短的深切感叹。同时，也以春来万物的生机无限与自己垂垂老矣作对比，感叹自己醒悟太晚，没有早些结束宦海生涯，回归自然，过自由自在的生活。

生前富贵草头露，身后风流陌上花。

【注释】出自宋·苏轼《陌上花三首》。身后，死后。风流，此指功业。陌，田间小路。

【译文/点评】生前的富贵荣华就像是草头上的露水，转瞬即会被太阳晒干；即使是千古的功业死后也会像田间路旁的野花，过不了多久即会凋谢，被人遗忘。此言意在劝人将功名富贵看淡，大可不必那么孜孜以求。

生时游国都，死没弃中野。朝发高堂上，暮宿黄泉下。

【注释】出自三国魏·缪袭《挽歌诗》。国都，指京师。没，死。中野，野外。发，出发。高堂，泛指华贵之所。黄泉，地下。

【译文/点评】此乃感叹人生短暂、生死倏忽、荣枯无常。

胜地不常，盛筵难再。

【注释】出自唐·王勃《滕王阁序》。胜地，优美的地方。再，第二次。

【译文/点评】风景优美的地方不是经常能够遇到的，像这样盛大的文人雅集也不会再有，此言滕王阁环境之美、贤士之多。

盛衰各有时，立身苦不早。

【注释】出自汉·无名氏《古诗十九首·回车驾言迈》。

【译文/点评】此言盛衰都有一定的时限，人生在世时间有限，应抓住时机早日成就功业、立德扬名。

盛之有衰，生之有死，天之分也。

【注释】出自先秦《晏子春秋·外篇·重而异者》。之（第一、二个），句中语气助词，帮助舒缓节奏。之（第三个），的。分，此指规律。也，句末语气助词，帮助判断。

【译文/点评】有兴盛就有衰歇，有生就有死，这是自然规律。此言有生有死、有盛有衰，都是事物固有的本性，是不以人的意志为转移的客观规律。

时来天地皆同力，运去英雄不自由。

【注释】出自唐·罗隐《筹笔驿》。

【译文/点评】此言时运远比能力重要，意在感叹命运的不可抗拒性。

实迷途之未远，觉今是而昨非。

【注释】出自晋·陶渊明《归去来兮辞》。

【译文/点评】此言自己虽误入仕途，但现在终于觉醒，急流勇退，毅然离开官场而归田，还不算太晚，表达的是诗人迷途知返的欣喜之情与淡泊名利的心志。

始知锁向金笼听，不及林间自在啼。

【注释】出自宋·欧阳修《画眉鸟》。

【译文/点评】此以鸟在笼中的遭遇为喻，说明自由最重要的道理。

书当快意读易尽，客有可人期不来。

【注释】出自宋·陈师道《绝句四首》之一。当，正在。快意，指使人感到愉快。可人，指情投意合的知己。期不来，约定而不来。

【译文/点评】书读到最快意的时候却突然要结束了，情投意合的朋友约定了却没来。此言生活中的美中不足与遗憾之情。

数穷则尽，盛满则衰。

【注释】出自南朝齐·张融《白日歌》。数，命运。穷，指不好。则，那么、就。

【译文/点评】命运不佳，那么人生就没什么希望了；荣华富贵到了极点，也就要渐趋衰落破败了。此乃人生感悟之辞。

谁非一丘土，参差前后间。

【注释】出自南朝宋·吴迈远《临终诗》。

【译文/点评】谁死了不是一个坟墓，只是大小、高低、位置前后有所不同而已。此言人死后没有什么区别，意在说明生前的贫富贵贱并不重要。

踏破铁鞋无觅处，得来全不费功夫。

【注释】出自宋·夏元鼎《绝句》。

【译文/点评】此言偶然的时运有时远比执着的努力更有效果，意在感叹偶然性不可思议的力量。

天道信崇替，人生安得长。慷慨惟平生，俯仰独悲伤。

【注释】出自晋·陆机《门有车马客行》。信，确实。崇，崇尚。替，更替。安得，怎么能。惟，思。俯仰，低头抬头之间。

【译文/点评】此乃感叹人生苦短之辞，虽有些消极颓废情调，但确实说出了人类普遍的情感体验。

天高地迥，觉宇宙之无穷；兴尽悲来，识盈虚之有数。

【注释】出自唐·王勃《滕王阁序》。迥，远。宇宙，《淮南子·原道训》高诱注："四方上下曰宇，古往今来曰宙。"

盈虚，消长，指变化。数，指命运。

【译文/点评】人在得意时，往往不知天高地厚；而在失意之时，他才知道自己是谁，才会反躬自省，觉得自己在人类历史的长河中，在天地宇宙之中，是那样的渺小与微不足道。这时，他才会不得不面对现实，不得不承认命运。王勃此言的高妙之处，就在于说出了上面这个道理，在表面认命的悲叹中，不露痕迹地表达了自己怀才不遇的悲愤之情。读来颇让人伤感，情不自禁地要替他鸣不平。

天有不测风云，人有旦夕祸福。

【注释】出自元·无名氏《张协状元》第三十二出。旦夕，早晚。

【译文/点评】此以风云难料为喻，说明人间祸福的不确定性。

途穷天地窄，世乱死生微。

【注释】出自明·沈钦圻《乱后哭友》。途穷，指走投无路。微，微小、微不足道。

【译文/点评】此言人在困境与乱世中的无奈和生死的微不足道。

万事到白发，日月几西东。

【注释】出自宋·辛弃疾《水调歌头》。

【译文/点评】此乃感叹光阴易去、人生苦短之辞。

文士多数奇，诗人尤命薄。

【注释】出自唐·白居易《序洛诗》。数奇，指命运不好。

【译文/点评】此乃感慨文人命运不佳、诗人尤其落魄之言。

小人得志，暂快一时。

【注释】出自宋·欧阳修《祭丁学士文》。

【译文/点评】此言小人得志只是一时，不会长久，意在告诫世人不要被小人一时的势焰张天所吓倒，要相信正气终将压倒邪气、君子终将战胜小人。

行行行，行行且止；坐坐坐，坐坐何妨。

【注释】出自浙江奉化休休亭联语。

【译文/点评】人生短短几个秋，虽然过于短暂，但也应该静下心来思考一下生命的意义，享受生活的乐趣。此联语对于现代人整天忙碌而不知所为尤其具有启发意义。

一年始有一年春，百岁曾无百岁人。

【注释】出自唐·崔敏童《宴城东庄》。曾无，无、还无。

【译文/点评】一年的开始总有一个春天，但百年之中也未曾见过一个百岁之人。此乃慨叹宇宙无穷、人生苦短之语。

一向花前看白发，几回梦里忆红颜。

【注释】出自唐·卢僎《十月梅花书赠》。红颜，指年轻时代。

【译文/点评】白头看花，鲜花在眼前，青春在梦里。人生苦短、岁月易逝的感慨尽在字里行间矣。

倚南窗以寄傲，审容膝之易安。

【注释】出自晋·陶渊明《归去来兮辞》。以，而。审，明白。容膝，指仅够容膝的居室，形容居室狭小。之，的。易安，易于安身。

【译文/点评】倚于南窗，笑傲尘世熙来攘往；蜗居小室，心中平静坦然自适。这何尝不是一种崇高的人生境界？

莺花不管兴亡事，妆点春光似昔年。

【注释】出自宋·无名氏《题关中驿壁》。

【译文/点评】此言朝代有更替、人事有变迁，但天地自然是永恒的。

有子且勿喜，无子固勿叹。

【注释】出自唐·韩愈《孟东野失子》。勿，不要。固，本来。

【译文/点评】此言人生不必以有无子而悲喜。这是一种达观的人生态度，与世俗观点相左。

有子与无子，祸福未可原。

【注释】出自唐·韩愈《孟东野失子》。原，推究。

【译文/点评】此言祸福不可以有无儿来推究，表现出一种与传统世俗观点相左的达观的人生态度。

月子弯弯照九州，几家欢乐几家愁。

【注释】出自宋·杨万里《竹枝歌》之一。九州，指中国、天下。

【译文/点评】此言月光可以无私无偏遍照天下，但天下的贫富忧乐却并不能均匀。意谓天地日月无私，人间忧乐不均。

在生本求多子孙，及有谁知更辛苦。

【注释】出自唐·张谓《代北州老翁答》。在生，指未生孩子之时。及，等到。

【译文/点评】此言未养孩子时希望子孙满堂，等到有了孩子，才知抚育孩子的辛苦。此言多子并非多福，而是多苦多累。这是古人对于多子女之累的切身感悟，值得今人深思。

正是江南好风景，落花时节又逢君。

【注释】出自唐·杜甫《江南逢李龟年》。

【译文/点评】李龟年是唐玄宗时非常著名的宫廷音乐家，也是声名显赫之人，晚年流落江南。此二句即写此事。江南好风景，是人人都喜爱的，可是李龟年不是因为江南风景好而来游玩的，而是不得已而流落至此，这就不免让人为之悲伤了。失意人见了好风景会触景伤情，更何况是落花时节，看了纷纷飘落的花儿，又岂能不让他联想起自己的身世而更加伤感？

纵浪大化中，不喜亦不惧。应尽便须尽，无复独多虑。

【注释】出自晋·陶渊明《形影神三首·神释》。纵浪，投身于。大化，指自然的变化。亦，也。无复，不必。

【译文/点评】生死是自然规律，该来总会来，不必惧怕，也不必多虑。这是诗人对生死问题的看法，非常达观。

昨是儿童今是翁，人间日月急如风。

【注释】出自唐·姚合《酬令狐郎中见寄》。

【译文/点评】此言时间流逝之快，与"时光如箭，日月如梭"同义，感叹时不我待、人生短暂。

光阴时机

百年讵几时，君子不可闲。

【注释】出自唐·韩愈《读皇甫湜公安园池诗书其后》。讵（jù），难道、哪里。君子，此指有道德、有追求的有志之士。

【译文/点评】即使人生能有百年，那也没有多少时间，因此有志之士一定要抓紧时间奋发有为。此言人生苦短，须珍惜时光努力进取，才不失为君子之所为。

必因人之情，故易为功；必因时之势，故易为力。

【注释】出自宋·苏轼《策别十四》。必，一定。因，根据。之，的。情，意愿、感情。故，事。时之势，时势。

【译文/点评】一定要根据人民的意愿行动，事情才易于成功；一定要顺应时势，事情才易于借力使力而成功。

便不可失，时不再来。

【注释】出自唐·张九龄《敕幽州节度使张守珪书》。便，指机会。

【译文/点评】时机不可错失，失去便不会再得到。此言要珍惜时机，及时行动。

不贵尺之璧，而重寸之阴，时难得而易失也。

【注释】出自汉·刘安《淮南子·原道训》。贵，以……为贵。也，句末语气助词，帮助判断。

【译文/点评】不以一尺长的璧玉为贵，而看重一寸长的光阴，是因为时间难得而容易失去。此言璧玉等是有价之宝，而时间则是无价之宝，是世界上最宝贵的东西，意在劝人珍惜时间。

不先审天下之势而欲应天下之务，难矣。

【注释】出自宋·苏洵《审势》。审，考察。势，时势、时机。欲，想。应，应对。务，事情。矣，句末语气助词。

【译文/点评】不先观察清楚天下的时势，而想从容应对天下之事，这就难了。此言顺应时势、把握良机对于做成大事的重要性。

长绳难系日，自古共悲辛。

【注释】出自唐·李白《拟古十二首》之三。系（jì），拴住、打结。

【译文/点评】此言绳子再长也难以拴住太阳，所以自古以来人们只能徒然感伤时光易逝，意在感叹光阴难留。

常将有日思无日，莫待无时思有时。

【注释】出自明·冯梦龙《警世通言·桂员外途穷忏悔》。日，时间。

【译文/点评】时间充裕之时，要想到没有时间之时。否则，到了没时间时再后悔已经来不及了。此言珍惜时间的重要性。

尺璧非宝，寸阴是竞。

【注释】出自南朝梁·周兴嗣《千字文》。是，结构助词，作用是将宾语提前。"寸阴是竞"，即"竞寸阴"。竞，争。

【译文/点评】一尺大的璧玉也算不得是宝，对于人生来说一寸光阴都是要争的。此以"尺璧"与"寸阴"相对作比，意在劝勉世人要珍惜时光。南朝梁萧绎《金楼子》词有"尺璧非宝，寸阴可惜"之句，其意与此相同。

耻一物之不知，惜寸阴之徒靡。

【注释】出自南朝梁·王僧孺《太常敬子任府君传》。耻，以……为耻。之，放在句子的主谓语之间，取消句子的独立性。寸阴，借代极短的时光。徒，白白地。靡，浪费。

【译文/点评】以有一物不知而觉得羞耻，以浪费一寸光阴而痛惜。此言君子应当以格物致知、珍惜光阴为做人的准则，意在鼓励世人珍惜时光、努力学习。

从时者，犹救火、追亡人也，蹶而趋之，唯恐弗及。

【注释】出自先秦《国语·越语下》引古语。从，追赶。时，时机。……者……也，古代汉语的判断句形式之一，相当于"……是……"。犹，就像。亡人，逃跑的人。蹶（jué），跌倒。趋，奔向。之，指时机。唯恐，只怕。弗及，来不及。

【译文/点评】意谓会掌握时机的人，如救火与追逐逃跑的人一样，拼命追赶，唯恐抓不住时机。此言良机应当及时抓住，绝不可错过。

蹉跎莫遣韶光老，人生唯有读书好。

【注释】出自宋·翁森《四时读书乐》。蹉跎，光阴白白地过去。莫遣，别让。韶光，美好时光。老，指流逝。

【译文/点评】此言要珍惜美好时光，不要蹉跎岁月，应抓紧青春年少时光好好读书，意在劝人惜时、勤学。

大禹圣人，犹惜寸阴；至于凡俗，当惜分阴。

【注释】出自南朝宋·刘义庆《世说新语·政事》注引《晋阳秋》。大禹，夏朝奠基之君，世称明主。犹，还。寸阴，比喻极短的光阴。凡俗，即凡夫俗子，指普通人。分阴，比寸阴还短，比喻时间极短。

【译文/点评】大禹是圣人，还珍惜每寸光阴；至于凡夫俗子，那就更应珍惜时间了。此言圣人珍惜时间才能够建立大功，普通人只有倍加珍惜时间才会有所作为。

但悲时易失，四序迭相侵。

【注释】出自唐·韩愈《幽怀》。但，只。四序，四季。迭相侵，交替变更。

【译文/点评】四季交替变更，时光飞快消逝，令人不胜悲伤。此乃由四季变更而萌生的叹时惜时之情。

得时无怠，时不再来。

【注释】出自先秦《国语·越语下》。无怠，不要懈怠。

【译文/点评】得到良机就应好好把握，不要懈怠而失去，因为机会过了不会再来。此言抓住机遇，及时努力的重要性。

得时者昌，失时者亡。

【注释】出自先秦《列子·说符》。时，时机。昌，指成功。亡，指失败。

【译文/点评】抓住了良机的人就能成功，错失良机的人就会失败。此言时机对于做事成败的重要作用。

东隅已逝，桑榆未晚。

【注释】出自唐·王勃《滕王阁序》。隅（yú），角落。东隅，指东边，即太阳升起的地方。桑榆，指西边，太阳落下的地方。

【译文/点评】此言错过了早上旭日初升的时光，还有傍晚夕阳晚照的时光。意谓错过某段时光并不要紧，要紧的是要善于抓住时间，把失去的时光补回来。

富贵比于浮云，光阴逾于尺璧。

【注释】出自唐·杨炯《王勃集序》。比于，就像。逾于，超过。尺璧，借指大的宝物。

【译文/点评】富贵如浮云，转瞬即逝；光阴胜尺璧，乃是无价之宝。此言意在告诫世人：光阴是世界上最宝贵的东西，应当倍加珍惜。

高筑墙，广积粮，缓称王。

【注释】出自明·张廷玉等《明史·朱升传》。

【译文/点评】这是朱元璋打下徽州后征询意见时朱升为他所提的建议。意谓在天下局势还未明朗时，不要急于称王称帝，以免成为众矢之的而沦为被动。明智的做法是巩固已占有的城池，积粮屯兵，等待时机到来再付诸行动。那时就能一举成功，消灭群雄，一统天下。朱元璋从谏如流，后来果然成功了。

光阴似箭催人老，日月如梭趱少年。

【注释】出自元·高明《琵琶记》第六出《牛相教女》。梭，织布之梭。趱（zǎn），赶（路）、催促。

【译文/点评】前句以箭行之快比喻时间过去之快，后句以织布梭穿行之快比喻日月流逝之速。"催人老"，是感叹人生易老；"趱少年"，是诫勉少年珍惜时光。意在告诫人们时光不待人、一寸光阴一寸金。今日我们常说的一句俗语"光阴似箭，日月如梭"，即源于此。

红颜与壮志，叹息此流年。

【注释】出自唐·沈佺期《览镜》。红颜，指年轻时光。流年，如流水般逝去的年华。

【译文/点评】年华似水流，红颜已不再，壮志不可酬，徒有空叹息。此句虽是写诗人惜时、叹时、悔恨之情，但也道出了古来无数志士仁人韶华已去、壮志难酬的普遍悲苦心态，因此读之常令人"心有戚戚焉"。

花不常好，月不常圆。世间万物有盛衰，人生安得常少年。

【注释】出自明·于谦《昔有〈莫恼翁〉曲，予因笑之，改为〈翁莫恼〉，聊以调笑云耳》。安得，怎么能。

【译文/点评】此言一个人的青春时光不会太长，就像花不常开、月不常圆一样，因此要抓紧时间奋发有为，绝不可虚度光阴。

花开花落留胜赏，春来春去感流年。

【注释】出自宋·张泊《暮春月内署书阁前海棠花盛开率尔七言八韵寄长卿谏议》。流年，流水一样的时光。

【译文/点评】此言花开花落虽是一种可以赏心悦目的风景，但宝贵的时光也就在这春来春去中似流水般地逝去了。这是触景生情，感叹时光难驻之辞。

皇皇三十载，书剑两无成。

【注释】出自唐·孟浩然《自洛之越》。皇皇，通"遑遑"，匆匆忙忙的样子。书剑，指文武两方面。

【译文/点评】此乃诗人叹息自己三十年匆匆忙忙中度过，但文武两方面一事无成。在叹息时光易逝的同时，也表露了壮志难酬的哀怨之情。

积微，月不胜日，时不胜月，岁不胜时。

【注释】出自先秦《荀子·强国》。积微，指积少成多、积累微小的成就。不胜，不如。时，指一季，三个月。岁，一年。

【译文/点评】积少成多，按月计算不如按日计，按季节计不如按月计，按年计不如按季节计。此言积少成多、积累微小的成就不应着眼于逐年、逐季、逐月，而应该着眼于逐日进行，意在告诫人们要善于抓紧点点滴滴时间。

及时当勉励，岁月不待人。

【注释】出自晋·陶渊明《杂诗十二首》之一。勉励，努力。待，等。

【译文/点评】此言要抓紧时间努力进取，否则会因错过大好时光而后悔不已。

几回天上葬神仙，漏声相将无断绝。

【注释】出自唐·李贺《官街鼓》。漏，古代计时用的漏壶。漏声，即报时之声。相将，相继。

【译文/点评】此二句乃是在感叹生命有涯、时光无限的矛盾，表达了一种"志士惜日短"的心情。"几回天上葬神仙"，是感伤人生苦短，但不直说，而是说神仙也要死，且天上已葬了几回。这是折绕修辞法的运用，使表意显得婉转。"漏声相将无断绝"，写时间延续不断，既有感叹时光无情之意，又有相形对比中感叹人生有涯之意。

今日不为，明日亡货。昔之日已往而不来矣。

【注释】出自先秦《管子·乘马》。为，做。亡，无。货，财物。无货，没有财物，代指失去赖以生存的生活资料。往，过去、逝去。矣，句末语气助词。

【译文/点评】今天不抓紧做事，明天就没法生存。过去的时间已经永远逝去了，再也回不来了。此言要抓住当前的大好时光好好做事，不然时光逝去之后再后悔已经来不及了，意在劝人珍惜光阴，努力工作。

惊风飘白日，光景西驰流。

【注释】出自三国魏·曹植《箜篌引》。惊风，指疾风。光景，指日影。

【译文/点评】此写疾风吹日、夕阳西下的景象，写景之中寄寓了诗人功业难成、时光易逝的深深叹惜之情。

敬时爱日，非老不休，非疾不息，非死不舍。

【注释】出自先秦·吕不韦《吕氏春秋·士容论·上农》。敬时爱日，即爱惜时间。非，不。疾，生病。

【译文/点评】爱惜时间，不老不休止，不病不停息，不死不放弃。意谓爱惜时间的理念要贯穿人的一生，要时刻牢记，一刻不忘。

君子进德修业，欲及时也。

【注释】出自先秦《周易·乾·文言》。君子，指有道德修养或地位高的人。进德，指加强道德修养。修业，指建功立业。欲，要。也，句末语气助词。

【译文/点评】君子修德立业都要及时。此言意在劝人趁着年轻时光加强道德修养，并勇于进取，建功立业，切不可蹉跎岁月而悔之不及。

来日苦短，去日苦长。

【注释】出自晋·陆机《短歌行》。苦，可惜。

【译文/点评】未来的日子已经不多了，而过去的时光却很多。此言叹息人生瞬息而过，在表达惜时之意的同时，也表露了对生命短暂的哀伤之情。

老冉冉其将至兮,恐修名之不立。

【注释】出自先秦·屈原《离骚》。冉冉,渐渐。其,句中语气词,无义。修名,美好的名声。

【译文/点评】老境渐至,功业未成。这是屈原怀才不遇的悲鸣,也是古往今来无数志士仁人大志未伸、郁郁寡欢的心灵独白。因此,千古以降常让人感叹,引起情感的共鸣。

明者因时而变,知者随事而制。

【注释】出自汉·桓宽《盐铁论·忧边》。因,根据。知,通"智"。

【译文/点评】明智的人根据时机而改变行动方案,智慧的人随着事情的发展而制定不同的应对策略。此言随机应变、因事制宜才是明智者。

莫道韶华镇长在,发白面皱专相待。

【注释】出自唐·李贺《嘲少年》。道,说。韶华,美好的年华。镇,通"总"。

【译文/点评】不要说美好的年华总会长在,其实发白面皱的日子就要不远了。此言意在劝勉年轻人一定要珍惜美好的时光,及时努力,否则老境将至就后悔不及了。

莫等闲,白了少年头,空悲切。

【注释】出自宋·岳飞《满江红》。

【译文/点评】此言意在劝勉世人立志成业要趁早,免得人到白头万事无成空悲伤。

莫见长安行乐处，空令岁月易蹉跎。

【注释】出自唐·李颀《送魏万之京》。长安，唐朝之都。蹉跎，虚度光阴。

【译文/点评】此言长安行乐虽好，却让大好时光白白虚耗了。其意是劝朋友要把精力放在建功立业上，千万别与他人一样，在行乐上虚度了光阴。这虽是诗人针对朋友的劝勉之词，实际也是对天下人所作的惜时之勉。

莫倚儿童轻岁月，丈人曾共尔同年。

【注释】出自唐·窦巩《赠王氏小儿》。倚，倚仗。丈人，指年老的男子。尔，你。同年，相同的年纪。

【译文/点评】不要倚仗自己年纪小就不珍惜时光，老伯也曾与你一样年轻过。此言意在劝勉年少之人不要自恃富有青春而轻忽时光，而应珍惜每一寸光阴奋发有为。

那得长绳系白日，年年月月但如春。

【注释】出自南朝陈·沈炯《谣》。那得，哪能。但，只。

【译文/点评】此以比拟修辞法，将白日人格化，使其带有人的生命情态（可以拿绳去拴住），从而形象地表达出对时间的珍惜之情与对春天的热爱之意。

难得而易失者，时也；时至而不旋踵者，机也。故圣人常顺时而动，智者必因机以发。

【注释】出自晋·陈寿《三国志·魏书·贾诩传》裴松之注引《汉晋春秋》。……者……也，古代汉语的一种判断句形式，相当于"……是……"。时、机，皆指时机、机遇。踵，脚后跟。旋踵，指一转身的时间。故，因此。顺，顺应。因，根据。以，而。发，指行动。

【译文/点评】最难得而又最容易失去的是时机，偶遇而稍纵即逝的也是时机。因此，圣人与智者常常都善于顺应时机、根据情况而采取行动。此言时机是最难得的，稍纵即逝。因此，要想成功，就要善于抓住机遇，及时行动。

难得易失者，时也；易过难见者，机也。

【注释】出自唐·陈子昂《为乔补阙论突厥表》。……者……也，古代汉语的一种判断句形式，相当于"……是……"。

【译文/点评】此言时机难得而易失、难遇而易逝，意在强调机不可失、珍惜机遇的道理。

青春须早为，岂能长少年。

【注释】出自唐·孟郊《劝学》。青春，指年青时代。

【译文/点评】此言青春时光应该早作努力、奋发有为，因为一个人的少年时代不可能常驻，意在劝人珍惜时光、努力学习。

人间岁月如流水，客舍秋风今又起。

【注释】出自唐·岑参《客舍悲秋有怀两省旧游呈幕中诸公》。

【译文/点评】此写人在异乡，见秋风又起，想起一年又要逝去而发的惜时叹时之慨。"岁月如流水"是议论，用比喻修辞法形象地说明了时间流逝之快与一去不复返的情形；"客舍秋风起"是写景，景中寓情，补足了前句慨叹所发的原因。

人寿几何？逝如朝霜。时无重至，华不再阳。

【注释】出自晋·陆机《短歌行》。逝，去、消逝。重至，再来。华，花。再阳，此指再开花。

【译文/点评】人的寿命有多长？快得就如太阳一出就逝去的秋霜。时光不能去而重来，花谢不能年内再开。此以秋霜、落花为喻，形象生动地说明了时间一去不可返的道理，同时表达了对生命短暂的深深无奈之情。

人之生也亦少矣，而岁之往亦速矣。

【注释】出自先秦《尸子》佚文。之，结构助词，放在主谓语之间取消句子的独立性。也，句中语气助词，帮助停顿。矣，句末语气助词。亦，也。岁，岁月、时间。往，去、流逝。速，快。

【译文/点评】人在世上的时间非常短暂，而岁月的流逝又特别快。此言人生苦短、岁月如水，意在劝人惜时。

日月忽其不淹兮，春与秋其代序。

【注释】出自先秦·屈原《离骚》。日月，代时光。忽，迅速貌。其，句中语气词。淹，久留。代，更代、交替。序，次序、时序。

【译文/点评】时光如流水，匆匆而过。春夏秋冬，轮回交替，依序而更。此句看似写自然规律，实是借此表达一种忧国忧民、"时不我待"的紧迫之感。

日月逝矣，岁不我与。

【注释】出自先秦《论语·阳货》。日月，指时间、时光。逝，流逝、过去。矣，了。岁，时间。不我与，即"不与我"。与，给。

【译文/点评】时光都流逝了，岁月是不等人的。这是阳货劝说孔子出仕（出来做官）之语，阐明的是这样一个人生道理：要想有所作为，切莫错过时机，时间是不等人的。

日月掷人去，有志不获骋。

【注释】出自晋·陶渊明《杂诗十二首》。掷，指抛弃。获骋，此指实现。

【译文/点评】时光离人而去，有志不能实现。此乃叹息时间苦短、大志难伸之辞，惜时之中有抱怨。

如花美眷，似水流年。

【注释】出自明·汤显祖《牡丹亭·惊梦》。美眷，此指美女。

【译文/点评】前句言女子如花美貌，后句言岁月流逝之快。意谓在无情的时光面前，再美的女子也经不起消磨而无奈地老去。

少而不勤，无如之何矣。

【注释】出自宋·秦观《精骑集序》。无如之何，拿他没办法。矣，了。

【译文/点评】一个人如果少年时代不知抓紧时间勤奋学习，那就拿他没办法了。此言一个人要想学有所成，就应该从小立志，勤奋读书。

少年安得长少年，海波尚变为桑田。

【注释】出自唐·李贺《嘲少年》。安得，怎能。

【译文/点评】后句言沧海变桑田的巨变事实，意在呼应前句，告诫少年们时间不是静止不动的，人也不可能永远都富有青春，应该趁着少年时光奋发进取；否则只能是白了少年头，空悲切。

少年辛苦终身事，莫向光阴惰寸功。

【注释】出自唐·杜荀鹤《题弟侄书堂》。

【译文/点评】此言少年时代的刻苦努力是为终生的事业奠定基础，因此千万不能懒惰而虚度半寸光阴，意在劝少年努力学习、切莫浪掷光阴。

少壮不努力，老大徒伤悲。

【注释】出自汉·乐府诗《长歌行》。老大，年老。徒，徒然、空自。

【译文/点评】此句原意是说荣华不久，当及时行乐，不要老而后悔。后代引此句，意乃在劝人趁着年少好好努力，不要老而无成，空自伤悲。这个语义具有积极进取的意义，故今人引用此句，多着眼于此。

圣人不贵尺之璧，而重寸之阴。

【注释】出自汉·刘安《淮南子·原道训》。贵，以……为贵、珍视。

【译文/点评】圣人不以大可过尺的璧玉为贵，却珍惜每一寸光阴。此言在圣人看来光阴是无价之宝，其意在于劝勉世人珍惜光阴。

圣人不凝滞于物，智士必推移于时。

【注释】出自唐·骆宾王《钓矶应诘文》。凝滞，执着、拘泥。

【译文/点评】此言圣人不会拘泥某个事物，而是有处事的灵活性；智士不会轻举妄动，行动一定看准时机和情势。

圣人顺时以动，智者因几而发。

【注释】出自南朝宋·范晔《后汉书·皇甫嵩传》。以，而。因，根据。几，机会。

【译文/点评】此言圣人、智者不会轻举妄动，而是顺应时势、看准时机再采取行动。

盛年不再来，一日难再晨。

【注释】出自晋·陶渊明《杂诗十二首》。盛年，青壮年。再，又一次。

【译文/点评】美好的青壮年时代不可能再重回，就像一天没有两个早晨一样。此言意在劝人及时努力，切莫错过大好时光。

失之东隅，收之桑榆。

【注释】出自南朝宋·范晔《后汉书·冯异传》。隅（yú），角落。东隅，指东边，太阳升起的地方。桑榆，指西边，太阳落下的地方。

【译文/点评】此言错过了早上的时光，还可抓住傍晚的时光。意谓早上有所失，晚上则有所得。进一步言之，乃是喻指失利于先而得胜于后、失败于此而胜利于彼。

时不可以苟遇，道不可以虚行。

【注释】出自唐·王勃《常州刺史平原郡开国公行状》。苟，苟且、随便。道，道义。

【译文/点评】时机不是随便可遇的，道义不是可以靠虚情假意行使的。此言捕捉时机要及时，践行道义要诚心。

时不至不可强生也，事不究不可强成也。

【注释】出自汉·刘向《说苑·谈丛》。也，句末语气助词。

【译文/点评】时机未到，不可勉强生事；要做的事情没有事先予以探究，是不会成功的。此言要想做成功一件事，既要等待恰当的时机，又要事先予以探究，有所准备。

时乎时，不再来。

【注释】出自汉·班固《汉书·蒯通传》。时，时机。乎，感叹词，这里相当于"啊"。

【译文/点评】时机啊时机，过了就不再有了。此言时机不可错失，良机不会再来。

时乎时乎，去不可邀，来不可逃。

【注释】出自唐·刘禹锡《何卜赋》。乎，语气助词，相当于"啊"。邀，挽回。逃，逃避。

【译文/点评】时机啊时机，错过了就挽回不了，来临时也不可回避。此言时机最为难得，来时不期而至，去时难以追及，意在告诫世人要珍惜时机，切勿错失。

时诎则诎，时伸则伸。

【注释】出自先秦《荀子·仲尼》。时，时势、时机。诎，通"屈"。则，就。

【译文/点评】时机不利就暂时委屈等待一下，时机到了就抓紧良机大施手脚。此言要成大事，就要根据时机决定行动。今天我们讲"大丈夫能屈能伸"、做大事要"相机而动"，正是这个意思。

时者，难得而易失也。

【注释】出自汉·司马迁《史记·淮阴侯列传》。……者……也，古代汉语的一种判断句形式，相当于"……是……"。

【译文/点评】时机是难得而易于失去的。此言做大事要善于及时抓住机会，否则时机一过就会主动变为被动，优势反成劣势，最终导致失败。今天我们常说"机不可失，时不再来"，说的正是这个意思。

时之至间不容息，先之则太过，后之则不及。

【注释】出自唐·李筌《太白阴经·作战》。时，时机。之（第一个），的。至，到来。间不容息，同"间不容发"，指两者之间容不下丝毫的空隙，比喻情势紧急到了极点，或比喻天衣无缝,没有破绽,其意同于"间不容发"。之(第二、三个),指时机。则,就。

【译文/点评】时机一到,就要立即采取行动,否则良机就会稍纵即逝。时机没到,盲目行动,就会失之太过(即操之过急);时机过了,再想起行动,那就为时已晚。此言用兵作战,把握时机要恰到好处,既不可"过",也不能"不及"。意谓在最恰当的时机采取最恰当的行动,才能取得战争的胜利。

时止则止,时行则行,动静不失其时。

【注释】出自先秦《周易·艮》。时,时机。止,消失。则,就。行,来到。

【译文/点评】时机过了就要停止行动,时机到了就要抓紧行动;是立即开始行动还是暂时按兵不动,都是要看时机的,意在强调时机对于行动成功的重要性。我们现在经常讲做事要"相机而动",正是这个意思。

事之难易,不在大小,务在知时。

【注释】出自先秦·吕不韦《吕氏春秋·孝行览·首时》。之,的。务,追求。时,时机。

【译文/点评】事情成功的难易度,不在事情的大小,而在于是否能抓住良机。此言抓住良机,事情就能成功,意在强调时机对做事成功的重要性。

逝者如斯夫,不舍昼夜。

【注释】出自先秦《论语·子罕》。逝者,指过去的时间。

74

如，像。斯，这，此指流去的河水。舍，停、弃。

【译文/点评】过去的时光就像这滔滔不绝的河水，日夜不停地流淌而去了。这是孔子以河水比喻时间，感叹人生苦短、时光荏苒之语。

速者济，缓则不及，此圣人所以贵机会也。

【注释】出自宋·苏轼《范景仁墓志铭》。济，成功。则，就。也，句末语气助词，帮助判断。

【译文/点评】速度快就会成功，慢了就会来不及，这就是圣人之所以珍惜时机的原因。此言抓住时机要及时，切勿犹豫。

岁晚惜流光。

【注释】出自宋·王安石《岁晚》。岁晚，年终。流光，流逝的时光。

【译文/点评】此言人到一年行将结束之时会倍感时光易逝，意在表达时光易逝、人生易老的无奈之情。

岁月不居，时节如流。

【注释】出自晋·陈寿《三国志·吴书·孙韶传》裴松之注引《会稽典录》。不居，不停留。

【译文/点评】岁月不停留，时间如流水。此言时间易逝、岁月难留，意在劝人惜时。

岁月易尽，光阴难驻。

【注释】出自唐·王勃《守岁序》。驻，停留。

【译文/点评】岁月易逝去，光阴难挽留。此言意在劝人珍惜时间，切莫虚度岁月。

天不再与，时不久留。

【注释】出自先秦·吕不韦《吕氏春秋·孝行览·首时》。再，第二次。与，给。

【译文/点评】上天不会多给一次机会，时光也不会久留。此言时间、时机宝贵，应当珍惜。

天与不取，反受其咎；时至不迎，反受其殃。

【注释】出自汉·刘向《说苑·谈丛》。与，给。取，接受。咎，灾祸。至，到。

【译文/点评】上天赐予良机而不抓住，就会反受天意的惩罚；时机来了而不把握，就会反受贻误良机所带来的祸殃。此言把握良机对于事业成败的重要作用。

王母桃花千遍红，彭祖巫咸几回死。

【注释】出自唐·李贺《浩歌》。王母，神话中的仙女。王母桃花，即王母所种桃花，传说其桃"三千年一开花，三千年一生实"。彭祖，传说中的人物，生于夏代，商末尚存，年过八百。巫咸，传说为上古尧帝之臣，擅医，长寿。

【译文/点评】前句写仙界时间的悠长（王母桃花三千年才开一次，竟然开了千遍，极言仙界生命之无限），后句写人间生命的有限（彭祖、巫咸虽长寿，但王母桃花开一次，他们就要死几回，概指人间生命之短暂）。二句皆以用典修辞法，在对比中暗写"生也有涯"、"人生几何"的感慨。

惟草木之零落兮，恐美人之迟暮。

【注释】出自先秦·屈原《离骚》。惟，思。零落，飘零、堕落。恐，怕。美人，这里喻指君王（也有人认为是喻指诗人自己）。迟暮，晚暮，指年老。

【译文/点评】看着春去秋来，草木凋零的萧条之景，想着君王老之将至，尚不能修德建业，如何不让人忧上心来。这是诗人屈原触景生情，感慨系之，忧国忧君之心的自然表露。读之让人不禁为其爱国忧君之情而感动，也为其报国无门的悲情而感慨。

为君持酒劝斜阳，且向花间留晚照。

【注释】出自宋·宋祁《玉楼春》。

【译文/点评】此以拟人修辞法，将"斜阳"、"晚照"人格化，使它们具有人的生命情态（可以对之"劝酒"挽留，可以对花有留恋之意），从而间接地表达出诗人惜时惜春的深切之情。

勿谓寸阴短，既过难再获；勿谓一丝微，既缁难再白。

【注释】出自清·朱经《责己》。勿，不要。谓，说。既，已经。缁（zī），黑色。

【译文/点评】不要说寸阴太短，过去了就难以挽回了；不要说一根丝微不足道，但是被染黑了之后就再也不能变白了。此以染丝为喻，形象生动地阐明了一个道理：时光如流水，一去不复返，一寸光阴一寸金，寸金难买寸光阴。

物贵尺璧，我重寸阴。

【注释】出自南朝宋·谢惠连《祭禹庙文》。尺璧，借指比较大的宝物。寸阴，借指极短的光阴。

【译文/点评】就物而言，以尺璧为贵；对人来说，寸阴难得。此言光阴比什么都珍贵，乃是世上的无价之宝，意在劝人珍惜时光，努力进取。

贤者之处世，皆以得时为至难。

【注释】出自宋·苏轼《贺吴副枢启》。之，结构助词，放在主谓语之间，取消句子的独立性。至，最。

【译文/点评】贤者处世，都以抓住机遇为最难得。此言善于抓住机遇，才是贤者处世成功的关键。

一寸光阴一寸金。

【注释】出自唐·王贞白《白鹿洞二首》。

【译文/点评】此用比喻修辞法，以金喻时间，强调时间对人的重要性，既形象生动，又深刻精警，是有名的劝世之言。全诗是写诗人珍惜时间专心读书的情形及其感悟，其诗云："读书不觉已春深，一寸光阴一寸金。不是道人来引笑，周情孔思正追寻。"

一生复能几，倏如流电惊。

【注释】出自晋·陶渊明《饮酒二十首》之三。复，又。倏（shū），极快地。流电，闪电。惊，闪过。

【译文/点评】人的一生能有多长时间呢？快得就像流逝的闪电一样瞬息即过。此以闪电比喻人生的短暂，叹息时光易逝、人生苦短，感叹中透着深深的无奈之情。

已见松柏摧为薪，更闻桑田变成海。

【注释】出自唐·刘希夷《代悲白头翁》。

【译文/点评】参天古柏衰枯而成柴薪，这是眼前之所见之景；现今的茫茫大海原是远古时代桑树成行的无边良田，这是听说的传闻。以亲见之景与传闻之说对照叙写，诗人对时光无限、人寿几何的慨叹之意便突显出来。表意婉转，传情深切，让人读之不禁感伤，唏嘘不已。

玉在椟中求善价，钗于奁内待时飞。

【注释】出自清·曹雪芹《红楼梦》第一回。椟（dú），匣子。奁（lián），女子梳妆用的镜匣。

【译文/点评】此以玉钗在匣为喻，说明有才能者希望藏才在身、待时而出之意。

欲就麻姑买沧海，一杯春露冷如冰。

【注释】出自唐·李商隐《谒山》。麻姑，传说中的仙女，曾在短时间中三见沧海变为桑田。

【译文/点评】麻姑本就无其人，就算有其人，就算能跟她买到"沧海"，结果也只能"沧海"顷刻化桑田，一切都是枉然。"一杯春露冷如冰"，以"春露"之"冷"比之于"冰"，从而给世人兜头一盆冷水，让人清醒：时间本是无情物，岁月自是不饶人。

志士惜年，贤人惜日，圣人惜时。

【注释】出自清·魏源《默觚上·学篇三》。

【译文/点评】此以层递修辞法，依年、日、时逐步递减的时间顺序和志士、贤人、圣人逐步递升的地位顺序排列，说明了珍惜时间的重要性以及惜时与成长的关系。意在鼓励世人要想成就大业、成贤成圣，就应倍加珍惜时光、努力进取。

志士惜日短，愁人知夜长。

【注释】出自晋·傅玄《杂诗》。

【译文/点评】此言不同心境的人对时间有不同的体认：志在建功立业的人叹惜时间太短，忧愁难解的人觉得时间难以打发。"日"、"夜"对称，是为了诗句对仗的需要，其意都是指"时间"。

知者善谋，不如当时。

【注释】出自先秦《春秋谷梁传·僖公二十二年》。知，同"智"。当时，适合时机、把握时机。

【译文/点评】有智慧的人虽善于谋划，但不如把握良机，此言把握良机比人为的努力更有效、更重要。

奋发进取

安得倚天剑，跨海斩长鲸。

【注释】出自唐·李白《临江王节士歌》。安得，怎么能。

【译文/点评】此以希望得倚天宝剑跨海斩鲸为喻，表达了诗人希望有机会一展才华、建功立业的雄心壮志。

鬓衰头似雪，行步急如风。不怕骑生马，犹能挽硬弓。

【注释】出自唐·张籍《老将》。

【译文/点评】此写老将人到暮年、满头白发，却仍然身轻步健，能骑烈马、挽硬弓的形象，意在突显老将"烈士暮年，壮心不已"的积极进取精神。

不可以年少而自恃，不可以年老而自弃。

【注释】出自明·冯梦龙《警世通言·老门生三世报恩》。恃，依靠。

【译文/点评】此言不管年老或年少都应当奋发进取，年轻人不要自以为富有青春而不积极努力，年老者不要认为时日不多而放弃进取。因为世上有大器早成者，也有大器晚成者。年轻人虽富有青春，但不努力，也是难成大器的；年老者虽时日不多，但坚持不懈努力，还是有大器晚成的希望。

藏之名山，传之其人。

【注释】出自汉·司马迁《报任少卿书》。

【译文/点评】此乃作者自道心志之语：著书立说，传给后代志同道合者，表现了一个文人在思想文化建设上积极进取的人生态度。

曾是洛阳花下客，野芳虽晚不须嗟。

【注释】出自宋·欧阳修《戏答元珍》。野芳，野花。嗟，嗟叹。

【译文/点评】曾经在洛阳看过似锦繁花，山城野花虽然开得晚点，但也不必因此而嗟叹什么。此句表面是写看花的感叹，实则是表达诗人政治上失意（被贬峡州）之后那种曾经沧海、阅尽繁华的洒脱旷达情怀与不怕挫折、奋发进取的精神。

长安何处在，只在马蹄下。

【注释】出自唐·岑参《忆长安曲二章寄庞㴶》。长安（今陕西西安），唐代都城，此代指权力中心。

【译文/点评】此以跑马为喻，说明要想实现自己的理想，就要朝着既定目标不懈地努力。

垂头自惜千金骨，伏枥仍存万里心。

【注释】出自元·郝经《老马》。枥，马槽。

【译文/点评】此以千里马自喻，说明自己有经国济世之才，虽然年老，但仍有报国之雄心壮志。"千金骨"，是《战国策·燕策一》中载郭隗规谏燕昭王重金招贤纳士时所讲的一个故事，说古代一个君王用千金求千里马，三年不得。后有人主动要求出去寻访，结果三个月寻访到一匹，但是马已死。于是他用五百金买回了死马之头。归来君王责怪他，他说君王连死马都肯用重金买，更何况活马呢？天下一定会有人来给大王送千里马的。果然，不到一年，君王就求得了三匹千里马。这里诗人说自己是"千金骨"，是比喻，意在表明自己是个才干不凡之人，但至今仍是英雄无用武之地，此乃怀才不遇之言。

大丈夫必有四方之志。

【注释】出自唐·李白《上安州裴长史书》。

【译文/点评】此言大丈夫应该志在四方，以国为家，表现的是李白及其盛唐一代士子积极入世、报效国家的豪情。

大丈夫当如此也！

【注释】出自汉·司马迁《史记·高祖本纪》。也，句末语气助词。

【译文/点评】这是刘邦年轻时看见秦始皇巡幸天下的威仪时脱口而出的心声，淋漓尽致地表现了刘邦作为一代雄主早已蓄藏的大志。

大丈夫当雄飞，安能雌伏？

【注释】出自南朝宋·范晔《后汉书·赵典传》。安能，怎么能。

【译文/点评】男子汉应当像雄鸟那样展翅搏击苍穹，而不应当像母鸟那样蜷伏巢中。此言男子汉应有奋发进取的志气，不应退缩不前。

独立三边静，轻生一剑知。

【注释】出自唐·刘长卿《送李中丞之襄州》。三边，唐代幽州、并州、燕州并称三边，此泛指边塞。

【译文/点评】此乃赞颂李中丞仗剑守边、志在安定边塞、报效国家、视死如归的英雄气概。

腹中贮书一万卷，不肯低头在草莽。

【注释】出自唐·李颀《送陈章甫》。草莽，指民间、社会底层。

【译文/点评】此言既然满腹经纶，就应该有一番作为，而不应该埋没在社会底层而一事无成，表现了唐代士子普遍积极进取的时代精神。

苟怀四方志，所在可游盘。

【注释】出自晋·欧阳建《临终诗》。苟，如果、假使。游盘，游历盘桓。

【译文/点评】此言若人有四海为家之志，走到哪里都可安身立命，并作出一番事业。

苟无济代心，独善亦何益。

【注释】出自唐·李白《赠韦秘书子春》。苟，如果。济代，济世。独善，加强自身修养。亦，也。

【译文/点评】此言为人没有经世济民的雄心，只顾加强自身修养、洁身自好是于世无补的。意谓要有积极入世的态度，勇于进取，做大官，做大事，治国安邦，造福于民。

古今之成大事业、大学问者，必经过三种之境界："昨夜西风凋碧树，独上高楼，望尽天涯路"，此第一境也；"衣带渐宽终不悔，为伊消得人憔悴"，此第二境也；"众里寻他千百度，蓦然回首，那人却在，灯火阑珊处"，此第三境也。

【注释】出自王国维《人间词话》。

【译文/点评】此借用古典诗词的三个名句形象地说明了成大事业、大学问所要经过的三种境界：一是要站得高，望得远，即视野要开阔；二是要有专心致志、矢志不渝的精神；三是要在别人寻而未得之处发现问题，使人有恍然大悟之感。

好风凭借力，送我上青云。

【注释】出自清·曹雪芹《红楼梦》第七十回。

【译文/点评】此言要想仕途顺利、飞黄腾达，就要有知音或权贵的助力，表达的是希望得到援引而有所作为的心志。

会当凌绝顶，一览众山小。

【注释】出自唐·杜甫《望岳》。"会当"是唐代口语，意思是"一定要"。

【译文/点评】此借登山以抒怀，道出了古往今来志士仁人宁静致远、追求卓越、敢于俯视一切的心胸气魄，此言成为我们今日所说的"男儿当自强"的同义语，也是千古以来人们励志进取的座右铭。

会挽雕弓如满月，西北望，射天狼。

【注释】出自宋·苏轼《江城子》。会，一定。天狼，指天狼星，古人认为主侵略，故常代指侵略者。

【译文/点评】此乃词人意欲扫清西夏、立功西北的心志表达，表现了词人报国进取的壮心。

即今江海一归客，他日云霄万里人。

【注释】出自唐·高适《送桂阳孝廉》。归客，此指科举考试落第而归的士子。云霄万里，指前程无量。

【译文/点评】尽管现在因科举考试落第而成为落拓潦倒的归客，但日后一定会飞黄腾达、前程无量。这是鼓励朋友的话，也是对朋友寄予希望的由衷之言，表现了朋友间的一种殷殷之情。

检书烧烛短，看剑引杯长。

【注释】出自唐·杜甫《夜宴左氏庄》。检书，指读书。烧烛短，指夜深。引杯，举杯。

【译文/点评】通过写夜宴时翻书论学、把酒看剑的豪情，表现了青年时代诗人奋发进取的精神。"烧烛短"，言夜深，强调读书时间之久；"引杯长"，言喝酒时间之长、喝酒之多，突显其书生意气、挥斥方遒的形象。

君子不恤年之将衰，而忧志之有倦。

【注释】出自汉·徐幹《中论·修本》。恤，担忧、忧虑。

【译文/点评】君子不担心年纪越来越大，只担心原来的大志随着年月的推移而有所懈怠。此意与曹操所说的"烈士暮年，壮心不已"义同，都是年老而志不灭的表现。

口衔山石细，心望海波平。

【注释】出自唐·韩愈《学诸进士作精卫衔石填海》。

【译文/点评】此写神话传说的精卫鸟衔石填海之事，在歌颂精卫鸟矢志不渝精神的同时，也寄寓了这样一个道理：力虽有限，但志不可灭。

老当益壮，宁移白首之心；穷且益坚，不坠青云之志。

【注释】出自唐·王勃《滕王阁序》。益，更。宁，岂、哪里。穷，不得志、失意。青云之志，指奋发向上的大志。

【译文/点评】年老雄心更壮，哪里会意识到人已到暮年；失意潦倒之时意志更加坚定，不会丧失奋发进取的壮志豪情。这是王勃在滕王阁雅集宴上向众贤表白自己心迹之语，希望得到众贤荐引而有一番作为。

老骥伏枥，志在千里；烈士暮年，壮心不已。

【注释】出自汉·曹操《步出夏门行·龟虽寿》。骥，千里马、骏马。枥，马槽。烈士，指有理想、有抱负的仁义志士。不已，不停止。

【译文/点评】此乃曹操以老马自喻，表达了自己年老之时建功立业的壮志豪情不减当年的心声，一个矢志进取、奋发有为的政治家形象跃然纸上。因饱含积极进取的精神，故历代志士仁人常引此句以自励其志。

老骥思千里，饥鹰待一呼。

【注释】出自唐·杜甫《赠韦左丞丈济》。骥，千里马、骏马。

【译文/点评】此以千里马虽老仍想驰骋千里、猎鹰等待主人一呼扑向猎物的形象为喻，生动地再现了诗人笔下主人公老当益壮、雄心不灭的形象。

马思边草拳毛动，雕眄青云睡眼开。

【注释】出自唐·刘禹锡《始闻秋风》。拳毛，拳曲的马毛。眄（miǎn），斜着眼看。

【译文/点评】骏马思念边塞之草而曲毛抖动，大雕睡意中睥睨到青云浮过慢慢睁开双眼。此乃以骏马、猛禽为喻，表达了诗人年老而壮心不已的豪情。诗人曾与柳宗元等人参与了王叔文集团的中唐政治革新运动，失败后遭贬为朗州司马，后又历任连州、夔州、和州刺史很久，晚年才入都任主客郎中，分司东都洛阳。此二句虽是写马、写雕，实是以双关修辞法，表达诗人不为失败而气馁，渴望在政治上一展抱负、为大唐中兴而进取的壮怀，与曹操"老骥伏枥，志在千里"的志向相同。

猛志逸四海，骞翮思远翥。

【注释】出自晋·陶渊明《杂诗十二首》。逸，超越。骞（qiān），高举。翮（hé），羽毛中间的硬管，此指翅膀。翥（zhù），鸟飞。

【译文/点评】此以鸟思高飞为喻，表达了一种奋发进取的壮志豪情。

莫道桑榆晚，微霞尚满天。

【注释】出自唐·刘禹锡《酬乐天咏老见示》。桑榆，指西边，太阳落下的地方。

【译文/点评】此以夕阳西下犹有满天彩霞为喻，形象而真切地表达了诗人老当益壮、雄心不已的豪情。

男儿何必恋妻子，莫向江村老却人。

【注释】出自唐·岑参《送费子归武昌》。妻子，即妻子与子女。

【译文/点评】此言男子汉大丈夫不可儿女情长，整天恋着妻儿，空自在江村老了有用之身而一事无成。意谓男人要有四方之志，以四海为家，以国家之事为本，建一番功业而扬名后世。

男儿何不带吴钩，收取关山五十州。

【注释】出自唐·李贺《南园十三首》。吴钩，古代吴国所产的一种武器，代指锐利的武器。

【译文/点评】此言男子汉大丈夫应该立功沙场，为国家收复山河，意在鼓励人们立功边塞，积极进取。

男儿慷慨平生事，时复挑灯把剑看。

【注释】出自宋·高言《呈友人》。慷慨，此指感慨、感叹。

【译文/点评】此写有志男儿感叹平生不得志，却仍然不忘杀敌报国的赤诚之心。

男儿生世间，及壮应封侯。

【注释】出自唐·杜甫《后出塞五首》。及，到。

【译文/点评】此言生为男子汉大丈夫，就应该有立功边塞、报国封侯的志向。这是励志之言，并非真的鼓励人人都追求封侯。其实质的意思，用今天的话来说，就是"男儿当自强"。

年时俯仰过，功名宜速崇。壮士怀愤激，安能守虚冲？

【注释】出自晋·张华《壮士篇》。年时，岁月。安能，怎么能。守虚冲，老庄哲学思想，即主张为人应当恬淡无为。

【译文/点评】岁月在俯仰之间就会稍纵即逝，因此要赶快建立功名并使之崇高起来。壮士既然心怀愤激之情，如何能够恬淡无为，徒然虚度一生呢？这是壮士急欲建功立业的独白，更是激励有志之士以时不我待的人生态度积极进取之言。

宁为百夫长，胜作一书生。

【注释】出自唐·杨炯《从军行》。百夫长，代指官阶低的军官。

【译文/点评】此言投笔从戎的人生志向，意谓宁效命疆场，做一个率众冲锋陷阵的小军官，也不想做一个舞文弄墨的文人，反映了初唐时代"尚武"的时代风气与文人热衷仕进、积极进取的人生态度。

宁为有闻而死，不为无闻而生。

【注释】出自唐·柳宗元《上扬州李吉甫相公献所著文启》。有闻，有名、有声誉。

【译文/点评】此言大丈夫在世应该奋发有为、不畏艰难，成就一番轰轰烈烈的大事业，而不应默默无闻地生活一辈子。

攀龙鳞，附凤翼，以成其所志。

【注释】出自南朝宋·范晔《后汉书·光武帝纪》。攀龙鳞、附凤翼，喻指追随帝王。

【译文/点评】追随帝王而实现自己的远大志向，此以攀龙附凤为喻，说明追随帝王才能成就大业的道理。成语"攀龙附凤"即源于此，但后世语义发生了变化，用以批评一个人为了个人目的而攀附权贵的行为。

弃燕雀之小志，慕鸿鹄以高翔。

【注释】出自南朝梁·丘迟《与陈伯之书》。燕雀之小志，指目光短浅的志向，此指陈伯之效忠于北朝的志向。鸿鹄，天鹅。此代指高洁之志。

【译文/点评】放弃效忠北朝的打算，回归南朝而展青云之志。这是丘迟劝说南朝叛将陈伯之回归南朝之辞。此语引申之，也可以形容一个人放弃目光短浅的目标，树立更高的目标。

乾坤正赖英豪整，肯赋诗人行路难。

【注释】出自宋·陈邦庆《谨次府判朝议江公之韵三首》之一。乾坤，天地、天下。赖，依靠。行路难，古乐府体裁，常写怀才不遇的内容。

【译文/点评】此言天下正需我辈重整，岂可书生意气而灰心丧气、自暴自弃呢？这是鼓励友人不要为仕途暂时的挫折而灰心，应该振作起来，为天下为国家奋发有为。

青云当自致，何必求知音。

【注释】出自唐·李白《冬夜宿龙门觉起言志》。

【译文/点评】此言要想飞黄腾达，实现自己的人生理想，就要自己奋发有为、积极进取，不可寄希望于知音、寻求仕进的捷径。

人生富贵当自取，况有长才文甚武。

【注释】出自元·杨载《古墙行》。文甚武，指超过武略的文韬。

【译文/点评】此言只要有积极进取之心，功名富贵都是不难获取的。更何况自己还有别人所不及的文韬长才，何愁不能有用武之地，一展长才，建功立业呢？意谓对自己有信心，事业就能成功，理想就能实现。

任重道远，死而后已。

【注释】出自南朝宋·范晔《后汉书·祭遵传》。道，指奋斗目标。已，停止。

【译文/点评】虽然肩负的责任重大，实现目标的路途遥远艰巨，但会奋斗终生，至死而止。此与我们今天所说的"生命不息，战斗不止"同义，都是对理想信念执着追求的表现。

三十拥旄谁不羡，周郎少小立奇功。

【注释】出自唐·刘长卿《观校猎上淮西相公》。旄

(máo)，用牦牛尾装饰的旗帜，泛指旗帜。拥旄，指做主帅。周郎，指三国时代的周瑜。

【译文/点评】此言有志之士都想像周瑜那样有机会少壮立功建业，其意是表达自己意欲效命疆场，建功立业的志向。

少年别有赠，含笑看吴钩。

【注释】出自唐·杜甫《后出塞五首》。吴钩，指古代吴地所造的武器，此泛指好的兵器。

【译文/点评】此写少年分别之时脱手以吴钩宝器相赠，受赠少年欣悦含笑的细节，意在表现唐代少年的尚武精神与积极的立功边塞的志向。

少小虽非投笔吏，论功还欲请长缨。

【注释】出自唐·祖咏《望蓟门》。投笔吏，指东汉班超。班超初时为人做刀笔吏，后投笔从军，定西域三十六国，封定远侯。请长缨，指西汉终军之事。终军十八岁即被选为博士弟子，上书言国事，被汉武帝任为谒者给事中，迁谏议大夫。后出使南越，请受长缨，愿羁缚南越王来见武帝。

【译文/点评】此言自己虽然不是从小就有班超那样投笔从戎、立功边疆的大志，但也有终军那样杀敌立功、报效国家之心。这是通过用典修辞法表达诗人意欲立功边塞、报效国家、建功立业之志。以班超、终军之典说事，既显出自己报国志向之大，也使表情达意显得婉约而富才气。

生有高世名，既没传无穷。

【注释】出自晋·陶渊明《拟古九首》。既，已经。

没，死。

【译文/点评】此言一个人应该生前有高世之名，死后要流芳百世。意谓为人当积极进取，不可没有追求。

十年窗下无人问，一举成名天下知。

【注释】出自元·高明《琵琶记·蔡公在试》。

【译文/点评】此言读书人十年寒窗苦读默默无闻，但一旦科举考试成功便会名闻天下。意在鼓励读书人要耐得住读书时的清苦，以求日后的成功。

恃人不如自恃。

【注释】出自先秦《韩非子·外储说右下》。恃，靠。

【译文/点评】依靠别人，还不如依靠自己。今日我们常说的一句俗语"靠人不如靠自己"，说的正是此意，都是强调一个人要想成功，就要靠自己奋发努力、积极进取。

所志在功名，离别何足叹。

【注释】出自唐·陆龟蒙《别离》。

【译文/点评】此言大丈夫男子汉既然志在功名，要做一番事业，那么就不能再为离别而悲伤了。意谓要做非常之事，就要做非常之人。

未肯西风回马首，要传飞檄过千山。

【注释】出自宋·王晞韩《和方廷实见赠》。檄（xí），讨伐敌人的文告。

【译文/点评】此言志在西征讨敌，要将讨敌的檄文传遍千山万水的决心。

我今垂翅附冥鸿，他日不羞蛇作龙。

【注释】出自唐·李贺《高轩过》。

【译文/点评】此以垂翅不能高飞的大雁和蛰伏的蛇为喻，说明暂不得意的人只要机会到了，定能如大雁一样一飞冲天、像蛇变飞龙一样腾空而去，意在鼓励暂时失意者处困境而不坠青云之志，等待时机而奋发有为。

我有迷魂招不得，雄鸡一声天下白。

【注释】出自唐·李贺《致酒行》。白，亮。

【译文/点评】此言自己有很多困惑解不开，就像招不回的迷魂一般，而今经过别人的点拨开导，就像公鸡一叫天即亮一样豁然开朗了。这是运用比喻修辞法中的借喻（隐去本体与喻词），婉约地表达了诗人怀才不遇而不失信心的心理。

心懔懔以怀霜，志眇眇而临云。

【注释】出自晋·陆机《文赋》。懔懔（lǐn），严肃。以，而。怀霜，比喻心地纯洁。眇眇（miǎo），通"渺渺"，远。临云，即凌云。

【译文/点评】怀纯洁之心，存高远之志。此言修身立志之事。

心如老骥常千里。

【注释】出自宋·陆游《赴成都》。骥，千里马、骏马。

【译文/点评】此乃诗人以千里马老而思驰千里为喻，表达了自己报效国家矢志弥坚、壮心不已的爱国情怀。

心随朗日高，志与秋霜洁。

【注释】出自唐·李世民《经破薛举战地》。

【译文/点评】此乃唐太宗李世民自道其胸怀如日大志、身有高洁品行之言，表现了一代英主超凡脱俗的豪迈气概。

虚死不如立节，苟殒不如成名。

【注释】出自唐·王勃《上百里昌言疏》。虚死，指无谓的死。苟殒，指苟且死去。

【译文/点评】与其没价值地死去，不如用宝贵的生命换取一个好的名节；与其苟且地死去，不如留着宝贵的生命，建一番功业而流芳百世。此言为人要积极进取，生也如此，死亦如此。

燕雀安知鸿鹄之志哉？

【注释】出自汉·司马迁《史记·陈涉世家》。安知，怎么知道。鸿，大。鹄，天鹅。哉，呢。

【译文/点评】这是秦末首举义旗反秦的陈涉之语。陈涉少时曾与人一起替人种地，谈到未来时，他的伙伴都嘲笑他，他便作了这样一个比喻，一来清楚地表达了自己宏大的理想；二来也委婉地批评了伙伴们目光短浅、胸无大志。后来，他首举义旗反秦，并建立了张楚政权，证明他确是"鸿鹄"，而不是"燕雀"。

仰天大笑出门去，我辈岂是蓬蒿人？

【注释】出自唐·李白《南陵别儿童入京》。蓬蒿人，指蛰居于社会下层的人。

【译文/点评】李白一直胸怀大志，有积极入世的人生态度，很想一展平生才学，作出一番事业，然而一直没有机遇。在他四十二岁时（即天宝元年，公元 742 年），唐玄宗宣召他入京，他认为机会终于来了。于是，压抑不住极度兴奋之情，挥毫写下了《南陵别儿童入京》一诗，表达了自己即将走上仕途、实现人生理想的满心喜悦之情。这两句诗看起来有点小人得意的格调，但确能反映他内心真切的情状，同时也从另一个侧面表现了李白积极进取的人生态度。

一朝沟陇出，看取拂云飞。

【注释】出自唐·李贺《马诗二十三首》。陇，农田中种农作物的一行一行的土埂。

【译文/点评】此二句表面是写马，实则是以马从沟陇跃出为喻，说明处于困境中的有志之士一旦挣脱困境，便会大有作为。其意在鼓励失意者处困境要不坠青云之志，等待时机，奋发进取，有所作为。"拂云飞"，明以夸张修辞法写骏马腾跃之高，实则暗写有志之士一旦得志便会飞黄腾达、大有作为。

永忆江湖归白发，欲回天地入扁舟。

【注释】出自唐·李商隐《安定城楼》。欲回天地，比喻做一番大事业。

【译文/点评】此言淡泊名利、归隐江湖固然是一种人生境界，但有志者不妨先作出一番惊天动地的大事业，然后再急流勇退、扁舟散发归隐江湖（如助越王勾践灭吴的范蠡）。

有席卷天下、包举宇内、囊括四海之意，并吞八荒之心。

【注释】出自汉·贾谊《过秦论》。宇内、四海、八荒，都是指天下。

【译文/点评】此写秦孝公锐意改革，力图一举消灭天下诸侯、一统天下的雄心大志。"席卷"、"包举"、"囊括"、"并吞"四个动词的运用，都是采比喻修辞法，不仅非常形象，更带有一种夺人的气势，生动地突显出秦孝公一代雄主的形象。

有志者事竟成。

【注释】出自南朝宋·范晔《后汉书·耿弇传》。竟，终究。

【译文/点评】此言只要有志气，总有达到目标的一天。这是一句千百年来激励了无数人奋发进取的名言，至今我们仍在讲。

愿乘长风破万里浪。

【注释】出自南朝梁·沈约《宋书·宗悫传》。愿，希望。

【译文/点评】这是南朝宋人宗悫之语，以乘风破浪为喻，表达了希望建功立业、有所作为的愿望与志向。

愿将腰下剑，直为斩楼兰。

【注释】出自唐·李白《塞下曲六首》。楼兰，汉代西域一个国名，此代指西北强敌。

【译文/点评】此言挥剑斩敌、立功边塞之志，表现了唐代士子普遍的积极进取的人生态度与时代精神。

丈夫贵兼济，岂独善一身。

【注释】出自唐·白居易《新制布裘》。贵，贵于。兼济，指治国安邦、经世济民。独善一身，指加强自身修养、洁身自好。

【译文/点评】此言大丈夫应该有经世济民的社会责任感，不能只顾自己修身养性、洁身自好。意谓大丈夫不能"只扫自家门前雪"，还得管管"他人瓦上霜"，要有为国家、为社会尽力的积极的人生态度。

丈夫皆有志，会见立功勋。

【注释】出自唐·杨炯《出塞》。会见，一定会看到。

【译文/点评】此言大丈夫只要心存报国大志，一定能看到立功受勋的日子。

丈夫为志，穷当益坚，老当益壮。

【注释】出自南朝宋·范晔《后汉书·马援传》。穷，不得志、失意。益，更。

【译文/点评】大丈夫立志做事，失意时志向更加坚定，年老时更加壮心不已。此言大丈夫既然立志要做一番大事业，就要经得住考验，不论什么情况下都要坚持到底、持之以恒。

志不立，天下无可成之事。

【注释】出自明·王守仁《教条示龙场诸生》。

【译文/点评】此言立志是成功的第一步。所谓立志，就是制定一个奋斗的目标。如果一个人没有奋斗目标，就不会有朝着目标奋斗的动力，结果必然无所事事、一事无成。

志行万里者，不中道而辍足；图四海者，非怀细以害大。

【注释】出自晋·陈寿《三国志·吴书·陆逊传》。中道，半路。辍，停。图，图谋。怀细，着眼于小处。

【译文/点评】志在万里的，不会中途停下前进的脚步；志在夺取天下的，不会着眼于小处而坏了大事。此言志向远大的人要有阔大的胸怀，要有坚持不懈的精神。

壮心未与年俱老，死去犹能作鬼雄。

【注释】出自宋·陆游《书愤》。

【译文/点评】此句乃是诗人抒发自己人至老境但报国雄心壮志不减当年的豪情。此与李清照的名句"生当作人杰，死亦为鬼雄"同义，都能让人读之热血沸腾。

自知者不怨人，知命者不怨天。

【注释】出自先秦《荀子·荣辱》。

【译文/点评】了解自己的人不埋怨别人，达观知命的人不埋怨上天对自己不公。此言有志之士不必怨天尤人，要想有所作为，就应该自己奋发努力。

自信豪放

百年三万六千日，一日须倾三百杯。

【注释】出自唐·李白《襄阳歌》。倾，倒，此指喝尽。

【译文/点评】此以夸张修辞法写纵酒一生的豪情。

彼可取而代之。

【注释】出自汉·司马迁《史记·项羽本纪》。彼，指秦始皇。

【译文/点评】这个人没什么了不起，我可以取代他。此乃秦始皇渡江时，项羽看到他威风而不可一世的仪仗后脱口说出的心里话，表现了项羽年少就有称王称帝的宏大志向。

长风破浪会有时，直挂云帆济沧海。

【注释】出自唐·李白《行路难》。会，一定、应当。云帆，指像云彩一样的白帆。济，渡。

【译文/点评】此以乘长风而破浪、扬高帆而渡沧海为喻，表达了诗人坚信自己会有机会一展才干、建功立业、报效国家的豪迈之情。此与他的另一名句"天生我材必有用"同义。

长啸激清风，志若无东吴。铅刀贵一割，梦想骋良图。

【注释】出自晋·左思《咏史八首》其一。铅刀，指很钝的刀。良图，良好的希望。

【译文/点评】放声长啸，能激起清风阵阵，志气超迈，哪里还有东吴的存在呢？铅刀虽钝，尚希望有一割之用，自己虽不敢说有改天换地的大才，但还是希望能一展抱负，实现平生经世济民之理想。诗中所表现的读书人高远的志向与为国报效的热情，可谓感人至深也。

大风起兮云飞扬，威加海内兮归故乡。安得猛士兮守四方？

【注释】出自汉·刘邦《大风歌》。海内，天下。安，怎么。猛士，指勇猛的战将。

【译文/点评】刘邦打败楚霸王项羽而建立汉王朝后，又有淮南王英布反汉之事起。刘邦出马亲征，终平英布之乱，得胜途中返回故里沛县，与乡亲饮酒作乐，击筑而歌，遂有此诗。全诗三句，既毫不掩饰地表露了其荡平天下群雄、一统天下的得意之情，也情不自禁地表达出一代开国之君对国家安危的忧虑之情与思得良将的急切之情。

但用东山谢安石，为君谈笑静胡沙。

【注释】出自唐·李白《永王东巡歌》。东山谢安石，即东晋谢安，官至宰相，曾指挥谢玄等率军大败前秦军队，取得历史上有名的"淝水之战"的胜利。谢安曾隐居于会稽东山，故世有谢东山之称。胡沙，指胡人安禄山、史思明所发动的"安史之乱"。君，此指永王。

【译文/点评】此语乃是诗人以谢安自比，意谓自己有经天纬地之才，可以助永王平定"安史之乱"，表达了他急切的建功立业的心情，同时也体现了其豪迈慷慨的为人风格。

登车揽辔，有澄清天下之志。

【注释】出自南朝宋·刘义庆《世说新语·德行》。辔（pèi），驾驭牲口用的缰绳。澄清天下，指安定天下。

【译文/点评】登车驱马，便顿起安定天下的豪情壮志。此乃赞扬陈蕃生逢乱世、胸怀大志之语。《后汉书·范滂传》赞扬范滂也有类似之语（"滂登车揽辔，慨然有澄清天下之志"）。

扶风豪士天下奇，意气相倾山可移。

【注释】出自唐·李白《扶风豪士歌》。扶风，在今陕西宝鸡附近。

【译文/点评】此写扶风豪士义气干云的为人特点。"山可移"是夸张手法，极言扶风豪士重义气的程度。

高谈满四座，一日倾千觞。

【注释】出自唐·李白《赠刘都使》。千觞（shāng），千杯。

【译文/点评】此写高朋满座、谈笑风生、纵情豪饮的情景。

海到天边天作岸，山登绝顶我为峰。

【注释】出自清·林则徐题福州鼓山联语。

【译文/点评】此以观海、登山为喻，表达了诗人自信豪放、积极进取的人生态度。

横槊赋诗男子事，征西谁为谢诸曹。

【注释】出自金·李汾《雪中过虎牢》。横槊赋诗，行军途中横戈吟诗。这是关于曹操的典故。后晋·刘昫等《旧唐书·杜甫传》："曹氏父子鞍马间为文，往往横槊赋诗。"《三国演义》写赤壁之战时即有曹操横槊赋诗的情节。征西，也是关于曹操的典故。《三国志·武帝纪》注："欲为国家讨贼立功，欲望封侯作征西将军，然后题墓道言：'汉故征西将军曹侯之墓'，此其志也。"谢，推辞。谢诸，谢之于。曹，曹操。谢诸曹，指要与曹操比一比。

【译文/点评】此言像曹操那样横槊赋诗、驰骋沙场，本就是一个大丈夫男子汉应有的志向；像曹操一样立志报国，有封侯而拜征西将军的念头，也是应该的。这是通过咏叹曹操之事来表达诗人立志报国、建功立业的决心，也表达了要与曹操等英雄人物一比高低的豪情。

呼鹰腰箭归来晚，马上倒悬双白狼。

【注释】出自元·萨都剌《上京即事五首》其四。腰箭，腰间别着箭。

【译文/点评】此写壮士打猎归来的情景。虽然不直写打猎的经过，但"呼鹰腰箭"的装扮描写与"倒悬双白狼"的猎获物交代，于"不著一字"之中写尽了壮士的豪迈勇武之气。

黄金白璧买歌笑，一醉累月轻王侯。

【注释】出自唐·李白《忆旧游寄谯郡元参军》。累月，数月。

【译文/点评】此言取乐散千金、醉酒傲王侯的豪情。

回狂澜于既倒，支大厦于将倾。

【注释】出自宋·苏轼《告文宣王文》。回，挽回。既，已。支，支撑。

【译文/点评】挽回即将倾顶而下的狂浪，支撑起即将倒塌的大厦，此言伟人于危难之际的大作为。

寄言燕雀莫相啅，自有云霄万里高。

【注释】出自唐·李白《观放白鹰二首》。啅（zhuó），聒噪。

【译文/点评】希望燕子麻雀们不要再聒噪不休，我白鹰自有展翅万里、搏击云霄的志向与能力。这是以白鹰规劝燕雀的口吻来暗写诗人有别人不了解的才干与志向，表达了积极入世、奋发进取的人生态度。

将军下马力排山，气卷黄河酒中泻。

【注释】出自元·杨维桢《鸿门会》。

【译文/点评】此写将军的英雄豪迈气概。前句通过夸张修辞法，强调了将军的力大无比；后句以夸张修辞法突显了将军饮酒的豪爽气概。

焦遂五斗方卓然，高谈雄辩惊四筵。

【注释】出自唐·杜甫《饮中八仙歌》。卓然，神采飞扬的样子。四筵，四座之人。焦遂为“饮中八仙”其中之一。

【译文/点评】此写焦遂酒量之大与酒后放言的豪情。

举觞白眼望青天，皎如玉树临风前。

【注释】出自唐·杜甫《饮中八仙歌》。觞（shāng），酒杯。

【译文/点评】此写崔宗之饮酒的风度。前句写其旁若无人的饮酒豪情，后句写其玉树临风的光彩风姿。

俱怀逸兴壮思飞，欲上青天揽明月。

【注释】出自唐·李白《宣州谢朓楼饯别校书叔云》。俱，都。逸，放纵。揽，搂。

【译文/点评】此言自己与李云酒酣之后意志奋发，都有振翅欲飞、上天揽月的豪情。

李白一斗诗百篇，长安市上酒家眠。天子呼来不上船，自称臣是酒中仙。

【注释】出自唐·杜甫《饮中八仙歌》。上船，唐代长安方言，意为扣上衣服纽扣。

【译文/点评】此写李白饮酒后诗思如泉涌、醉酒后天子叫不应的豪情与为人。第一句突出表现李白的酒量与诗才，第三句表现的是李白狂放不羁的个性。

满堂花醉三千客，一剑霜寒十四州。

【注释】出自唐·贯休《献钱尚夫》。

【译文/点评】此乃赞颂吴越王钱镠礼贤下士、宾客盈门的情形，以及仗剑取两浙的英雄豪迈之气。据说贯休和尚献此诗，其意是为了向吴越王要块地造佛寺，吴越王要贯休改"十四州"为"四十州"，意欲称帝天下。贯休不从，乃逃往四川。

烹羊宰牛且为乐，会须一饮三百杯。

【注释】出自唐·李白《将进酒》。会须，应当。三百杯，是夸张的说法，指喝得尽兴。

【译文/点评】此言人生难得相聚，有机会就应当烹羊宰牛、纵情豪饮，表达的是一种及时行乐的思想。

匹马西从天外归，扬鞭只共鸟争飞。

【注释】出自唐·岑参《送崔子还京》。"天外归"，代指出发地离长安之远。"共鸟争飞"，写归京心情之切与速度之快。

【译文/点评】此写从万里边塞策马归京的豪迈与欣喜之情。

青槐夹两道，白马如流星。

【注释】出自唐·王昌龄《少年行二首》之一。

【译文/点评】此写少年在春日策马奔驰于夹槐大道之上迅急如流星的情景。"青槐夹两道"是写景，突出春日里大地的生机；"白马如流星"是写人，突出少年的豪放之情。写景又写人，情景交融中勾画出一幅少年春日纵马的生动图画。

请日试万言，倚马可待。

【注释】出自唐·李白《与韩荆州书》。万言，万字。倚马可待，靠着马就可写好。此用东晋袁虎倚马作公文的典故，形容一个人文思敏捷。

【译文/点评】此乃李白自夸文才与才思之言，典型地表现出其豪放、自信的性格。

如欲平治天下，当今之世，舍我其谁也？

【注释】出自先秦《孟子·公孙丑下》。如，如果。欲，想。平治，安定。舍，除了。其，句中语气助词。也，句末语气助词。

【译文/点评】如果想使天下安定，纵观当下，除了我还有谁呢？这是孟子在回答充虞路的问题时所发的豪迈之语，表现出了孟子作为战国时代儒家代表人物那种积极的入世、进取精神。后世人常常引"舍我其谁"，表达的也多是慷慨豪迈之气，大有励志意义。

汝阳三斗始朝天，道逢曲车口流涎，恨不移封向酒泉。

【注释】出自唐·杜甫《饮中八仙歌》。汝阳，指汝阳王李琎。朝天，朝见天子。曲车，酒车。涎（xián），唾沫、口水。移封，转移封地。酒泉，在今甘肃省。《三秦记》说酒泉"城下有金泉，泉味如酒，故名酒泉"。

【译文/点评】此写汝阳王李琎豪放不羁的个性与嗜酒如命的性格。

三杯吐然诺，五岳倒为轻。

【注释】出自唐·李白《侠客行》。吐然诺，承诺。

【译文/点评】此以夸张修辞法写侠客一诺千金、义气干云的豪情。

上马击狂胡，下马草军书。

【注释】出自宋·陆游《观大散关图有感》。狂胡，指金人。草，写、草拟。军书，军队战伐文告。

【译文/点评】此乃诗人自诩"上马能征战、下马能拟文"的杰出才华，强烈地表达了希望杀敌立功、恢复中原的豪情。

身经戎马心逾壮，天入风霜气更豪。

【注释】出自金·李汾《雪中过虎牢》。戎马，指代战争。

【译文/点评】身经百战壮心更甚，风霜虽恶豪气更高。此乃诗人自道不畏艰难、杀敌报国的雄心豪气。

世间富贵应无分，身后文章合有名。

【注释】出自唐·白居易《编集拙诗，成一十五卷，因题卷末，戏赠元九李二十》。

【译文/点评】此言虽然富贵不可求，但自己诗文方面还是有些成就的，相信青史留名还是有可能的。此乃诗人对自己志向与作品价值的评价，表现出对自己作品有充分信心的豪迈之情。从历史事实来看，他这话不是吹牛。从中国文学史来说，仅一篇《长恨歌》，就足以让他永垂青史矣。

提兵百万西湖上，立马吴山第一峰。

【注释】出自金·完颜亮《题画屏》。西湖上，代指南宋都城临安（今杭州）。

【译文/点评】此乃金主完颜亮立志起兵南下、一举消灭南宋、统一天下的豪壮之语。不仅口气大，而且诗句的气势也大，"提兵百万"、"立马吴山"已是豪气干云了，更有驻兵、立马地点（"西湖上"、"第一峰"）的刻意强调，将一个不可一世的金主形象自画了出来。读之不禁让苟且偷安的南宋统治者倒吸口凉气，膝盖为之一软。

天生我材必有用。

【注释】出自唐·李白《将进酒》。

【译文/点评】"天生我材必有用"是李白的人生价值宣言，也是我们每个人应该坚持的人生信条。只要对自己有绝对的信心，不妄自菲薄，我们每个人最终都会有所作为，对社会有所贡献。

天下才共一石，曹子建独占八斗，我得一斗，自古及今共用一斗。

【注释】出自唐·李延寿《南史·谢灵运传》。石（dàn），古代度量单位，一石合十斗。曹子建，曹植，三国魏人，曹操之子。

【译文/点评】谢灵运此语，在极力推崇曹植的盖世才华的同时，也不无自豪地夸耀了自己，表现出了对自己才华的自信。

万里车书一混同，江南岂有别疆封？

【注释】出自金·完颜亮《题画屏》。

【译文/点评】前句用秦始皇"书同文"、"车同轨"的典故，表达了诗人（金主完颜亮）欲与秦始皇比肩，灭南宋、一统天下的豪情壮志。后句是直接议论，以反问句形式强化了前句的意思。"岂有"一词所体现的不容商量的口气，更能凸显这个"番邦"之主的豪气与霸气。

王侯将相宁有种乎?

【注释】出自汉·司马迁《史记·陈涉世家》。宁,难道。有种,天生、生来就有的意思。乎,吗。

【译文/点评】王侯将相难道都是生来就有的吗?这是陈涉在举旗反秦前说的话,是对现政权(秦帝国)与现存的社会制度提出的强烈疑问。意谓穷人也能当家,我们也能做王侯将相,表达了其非同一般的识见与敢作敢为的豪气。

为天地立心,为生民立命,为往圣继绝学,为万世开太平。

【注释】出自宋·张载《语录拾遗》。心,指良知。生民,百姓。往圣,去圣、往日的圣人,指孔孟等人。绝学,失传的学问、独到的学问,此指孔孟之学。

【译文/点评】为天下人树立良知,为万民建立"道"统,继承往圣的遗志,为后代开辟永久的太平局面。此言继承孔孟圣人遗志,恢复失去的儒学道统、重新唤起人们的良知、为天下建立起一个永久安定太平的基础,乃是每一个有良知的士人所应有的志向。其所表现出来的"舍我其谁"的社会责任感,着实让千百年来的中国知识分子深受鼓舞。

我愿扫开万里云,日月光明天尺五。

【注释】出自元·王冕《秋夜雨》。尺五,指代近在眼前。天尺五,指天气好。

【译文/点评】希望满天乌云快散去,绵绵秋雨快结束,让日月重放光明,让大地天朗风清。此乃诗人祈求秋雨过去、天气返晴的愿望,但在有志者读来,却能顿生满腔豪情:扫除匈奴、一统寰宇。

五岳寻仙不辞远，一生好入名山游。

【注释】出自唐·李白《庐山谣寄卢侍御虚舟》。五岳，指东岳泰山、南岳衡山、西岳华山、北岳恒山、中岳嵩山，此代指名山。

【译文/点评】此写诗人耽于名山、纵情山水的人生信念。

昔以其半辅太祖定天下，今欲以其半辅陛下致太平。

【注释】出自宋·罗大经《鹤林玉露》卷七。昔，以前。其，指《论语》。太祖，指宋太祖赵匡胤。陛下，指宋太宗赵光义。

【译文/点评】昔日我以半部《论语》辅佐太祖平定天下，今日我想以《论语》的另半部帮助陛下治理天下、使天下太平。这是宋太祖、宋太宗两朝之相赵普的豪言。宋人罗大经《鹤林玉露》卷七记其事云："赵普再相，人言普山东人，所读止《论语》。……太宗尝以此论问普。普略不隐，对曰：'臣平生所知，诚不出此。昔以其半辅太祖定天下，今欲以其半辅陛下致太平。'"由此典故，我们可以领悟到这样一个道理：读书不必太多，关键要活学活用，要能经世致用。

萧萧行李戛弓刀，踏雪行人过虎牢。

【注释】出自金·李汾《雪中过虎牢》。萧萧，指少。戛，指响声。

【译文/点评】此写少年侠士雪中过虎牢关的形象，表现的是一种勇武豪气。前句写少年行李轻萧萧，但弓刀却重得戛夏作响，这是以装扮来突显其尚武、英武的形象。后句写踏雪过关，同样也是表现其英武豪情。因为"虎牢"自古便是兵家必争之地，一提到虎牢关，便让人情不自禁地想到了春秋时代群雄争霸的历史，想起楚霸王项羽与汉高祖刘邦在此决战相持的场面。这是以特定的历史地点来暗衬少年踏雪过关的勇武之气。

挟书万里朝明主，仗剑三年别故乡。

【注释】出自明·瞿佑《归田诗话》卷下"宗阳宫望月"条所载元代诗人杨载诗句。

【译文/点评】此写书生万里赴京、书剑报国的豪迈之情。前句以"挟书"点出书生朝主的进见礼是治国安邦之策，突出的是其"文韬"；后句以"仗剑"点出了书生报国的方法是驰骋沙场，强调的是"武略"。前句"朝明主"与后句"别故乡"相对，意在突显书生"报国重于爱家"的精神境界。由此，将一位文韬武略兼备、赤胆忠心报国的书生形象表现了出来。

新丰美酒斗十千，咸阳游侠多少年。相逢意气为君饮，系马高楼垂柳边。

【注释】出自唐·王维《少年行四首》之一。新丰，在今陕西临潼县东。斗十千，一斗酒十千钱。咸阳，秦朝之都，此代指唐代之都长安。

【译文/点评】此写唐代少年游侠之士的日常生活及其重义气、重然诺的豪情与性格。

兴酣落笔摇五岳，诗成笑傲凌沧洲。

【注释】出自唐·李白《江上吟》。沧洲，指隐者居处。

【译文/点评】此乃以夸张修辞法说自己落笔的宏大气势与成诗的高远意境。

欲倾天上河汉水，净洗关中胡虏尘。

【注释】出自宋·陆游《夏夜大醉醒后有感》。河汉，银河。胡虏，指金人。

【译文/点评】此写诗人志在扫除金人、恢复中原故土的壮志与豪情。

张旭三杯草圣传，脱帽露顶王公前，挥毫落纸如云烟。

【注释】出自唐·杜甫《饮中八仙歌》。张旭，唐代著名的书法家，以草书名世，世称"草圣"。挥毫，挥笔。

【译文/点评】此写张旭酒后脱帽露顶、以发为笔而着墨、龙飞凤舞写草书的豪情与风采。

知章骑马似乘船，眼花落井水底眠。

【注释】出自唐·杜甫《饮中八仙歌》。知章，贺知章，唐代著名诗人。

【译文/点评】此写贺知章酒后的醉态与豪放。

壮志饥餐胡虏肉，笑谈渴饮匈奴血。

【注释】出自宋·岳飞《满江红》。胡虏、匈奴，此皆指金人。

【译文/点评】此写诗人意欲驱除金人、恢复中原故土、重振大宋雄风的决心与豪情。

濯鳞沧海畔，驰骋大漠中。独步圣明世，四海称英雄。

【注释】出自晋·张华《壮士篇》。濯（zhuó）鳞，指像鱼一样自由的遨游。独步，天下称第一，超出同类，没有人可比的。圣明世，指清明的盛世。四海，天下。

【译文/点评】像鱼自由遨游于大海，像骏马驰骋于大漠，独步于天下，称雄于四海，表现的是壮士极度的自信与豪迈之情。

醉来卧东山，天地即衾枕。

【注释】出自唐·李白《友人会宿》。东山，即会稽东山，在今浙江绍兴，东晋名相谢安曾隐居的地方，代指隐士所居之所。衾（qīn），被子。

【译文/点评】此写醉卧山林、天地为庐、自由自在的隐士生活状态。

左眄澄江湘，右盼定羌胡。功成不受爵，长揖归田庐。

【注释】出自晋·左思《咏史八首》其一。眄（miǎn），斜着眼睛看。澄，使澄清。江湘，长江、湘江流域，代指东吴。定，使平定。羌胡，代指西北强敌。爵，爵位。揖，作揖。归田庐，归故乡。

【译文/点评】前两句表现的是诗人统一天下、建功立业的宏大理想，后两句则表明了其不图富贵、功成身退的人格追求。

左相日兴费万钱，饮如长鲸吸百川。

【注释】出自唐·杜甫《饮中八仙歌》。左相，指唐玄宗时的左丞相李适之。

【译文/点评】此写李适之饮酒用费之巨与酒量之大。两句皆为夸张，突出其饮酒的豪放之情。

旷达行乐

安得扁舟多载酒，放歌击楫浪花间。

【注释】出自宋·蔡齐《小孤山》。安得，怎么能。楫（jí），船桨。

【译文/点评】此言载酒泛舟、击水放歌的自由生活理想。

宝剑直千金，被服丽且鲜。斗鸡东郊道，走马长楸间。

【注释】出自三国魏·曹植《名都篇》。直，值。被服，所穿衣服。走马，跑马。楸，一种落叶乔木，干高叶大，夏季开花。

【译文/点评】此写京洛少年斗鸡走马行乐之事。

草色人心相与闲，是非名利有无间。

【注释】出自唐·杜牧《洛阳长句二首》之一。

【译文/点评】此言看淡是非、名利等俗世之物，看草也有从容闲适之趣。

尘世难逢开口笑，菊花须插满头归。

【注释】出自唐·杜牧《九日齐山登高》。尘世，人世间。

【译文/点评】此言人生苦多欢乐少，难得佳节须尽欢。

此中有真意，欲辩已忘言。

【注释】出自晋·陶渊明《饮酒二十首》之五。此中，指归隐生活。

【译文/点评】此言归隐生活自有乐趣，个中真情难以用语言表达。

得钱即相觅，沽酒不复疑。忘形到尔汝，痛饮真吾师。

【注释】出自唐·杜甫《醉时歌》。即，就。觅，找。沽酒，买酒。不复疑，毫不犹豫。忘形到尔汝，忘记你我之间的区别。吾，我。

【译文/点评】此写有钱即沽酒、痛饮到忘形的旷达潇洒之情。

对酒当歌，人生几何？譬如朝露，去日苦多。

【注释】出自汉·曹操《短歌行》。朝露，早上的露珠。去日，过去了的岁月。苦多，恨多。

【译文/点评】人生苦短，犹如早上的露珠，再者过去的岁月又是苦难太多，而今再不抓住机会及时行乐，再待何时？这便是曹操著名的及时行乐的宣言，对后世影响甚巨。

风吹柳花满店香，吴姬压酒唤客尝。

【注释】出自唐·李白《金陵酒肆留别》。柳花，柳絮。吴姬，指吴地女子。压酒，取酒。

【译文/点评】此写柳絮飘飞之时春酒初成，吴姬劝客尝新酒的景象。

逢人不说人间事，便是人间无事人。

【注释】出自唐·杜荀鹤《赠质上人》。

【译文/点评】此言摒弃尘世俗念，就能超凡脱俗。

服食求神仙，多为药所误。不如饮美酒，被服纨与素。

【注释】出自汉·无名氏《驱车上东门》。服食，吃、饮用。被服，穿。纨、素，都是质地柔软的丝织品。

【译文/点评】此言乃在劝人莫信神仙，千万别信长生不老之术。及时行乐，吃好穿好，才是正经。

更待菊黄家酝熟，共君一醉一陶然。

【注释】出自唐·白居易《与梦得沽酒闲饮且约后期》。陶然，舒畅快乐的样子。

【译文/点评】此写与友人的约定：他日重阳菊花黄，共饮家酝一醉休。

功名富贵若长在，汉水亦应西北流。

【注释】出自唐·李白《江上吟》。若，如果。亦，也。

【译文/点评】此以绝语修辞法（通过预设不可能实现的条件，然后否定在此条件下的结果，从而肯定地表达与此前提相反的观点），表达了诗人不相信功名富贵能够长久的观点。意谓既然功名富贵不能长久，那么不如潇洒自在地生活，不必"低眉折腰事权贵"，汲汲于功名而丧失自己的人格。

功名万里外，心事一杯中。

【注释】出自唐·高适《送李侍御赴安西》。万里外，指西北边疆，即李侍御要去的安西都护府。

【译文/点评】此言建功立业于万里边疆，前途茫茫，满腹的忧虑无以排解，只得借酒浇愁。其意是劝友人不必多想，功名富贵他日事，今朝且饮盏中酒。

古来圣贤皆寂寞，惟有饮者留其名。

【注释】出自唐·李白《将进酒》。惟，只。

【译文/点评】自古以来做圣贤的人都是寂寞孤独的，只有及时行乐的饮者反而留名后世。此言做寂寞的圣贤不如做快乐的醉客。这话虽带有不求进取、及时行乐的颓废主义情绪，但内里却透露了诗人怀才不遇的深深悲伤之情，是诗人为自己不得意的人生而作的心灵自慰，为其沉醉酒中而不能自拔所寻找的借口，带有自我解嘲的意味。

鼓腹而歌，以乐其生。

【注释】出自唐·柳宗元《终南山祠堂碑》。鼓腹，拍拍肚皮。以，连词，相当于"而"。

【译文/点评】吃饱鼓腹唱唱歌，快快乐乐过一生。此言一种逍遥自在的人生境界。

归来饱饭黄昏后，不脱蓑衣卧月明。

【注释】出自唐·吕岩《牧童》。

【译文/点评】此写散漫文人闲云野鹤、洒脱不羁的生活状态。

过屠门而大嚼，虽不得肉，贵且快意。

【注释】出自三国魏·曹植《与呈季重书》。

【译文/点评】经过屠户之门而嘴巴大嚼，虽然并没吃到肉，却有快意之感。此言精神的满足也是一种享受，此与"画饼充饥"、"望梅止渴"有相通之处。

何须论得丧，才子词人，自是白衣卿相。

【注释】出自宋·柳永《鹤冲天》。得丧，得失。白衣，指没有官职的百姓。卿相，公卿、宰相，代指高官。

【译文/点评】何必斤斤计较于名利得失，不做官，做个才子词人，也可算是没有官职的"卿相"，同样可以实现人生的价值。这是词人柳永自道心曲之语，鲜明地表现了一个特立独行的文人旷达而自信的人生观。

何以解忧，唯有杜康。

【注释】出自汉·曹操《短歌行》。唯有，只有。杜康，相传为古代的造酒者，这里借指酒。

【译文/点评】后人稍不快意，便好以酒浇愁、借酒解忧，其依据就在于曹操此言。

红颜弃轩冕，白首卧松云。

【注释】出自唐·李白《赠孟浩然》。红颜，指年轻时代。轩，高大的车驾。冕，帽子。轩冕，代指官位爵禄。白首，指年老时。卧松云，卧于青松白云之下，指隐居山中。

【译文/点评】此言乃是诗人讴歌朋友孟浩然淡泊于富贵荣华、醉心于世外隐居生活的洒脱人生观的颂词。

今日不知来日事，人生可放酒杯干？

【注释】出自元·杨维桢《漫成》其二。

【译文/点评】既然不能预知未来之事，何必整天忧愁，今日有酒今日醉，岂不快哉？这是诗人所表述的人生观，也是他及时行乐思想的表露。

今朝有酒今朝醉，明日愁来明日愁。

【注释】出自唐·罗隐《自遣》。

【译文/点评】此与曹操"对酒当歌，人生几何"的诗句同义，都是及时行乐人生观的宣示。虽有点颓废主义倾向，但也不失旷达豪放之气。

今朝有酒今朝醉，且尽樽前有限杯。

【注释】出自元·白朴《中吕阳春曲·知机》。

【译文/点评】此言人生苦多，应当抓住有限的机会及时行乐。这话看起来似乎有些颓废主义色彩，实是作者人生不得意的牢骚之言。

酒债寻常行处有，人生七十古来稀。

【注释】出自唐·杜甫《曲江二首》其二。行处，到处。

【译文/点评】此二句与曹操"对酒当歌，人生几何"之义相同，都有倡导及时行乐之意。不过，曹操是今日有酒今日醉，杜甫是今日无酒赊着醉，相对于曹操，杜甫显得更潇洒些。

举杯光可挹，起舞影相亲。

【注释】出自宋·刘敞《中秋》。挹（yì），舀、把液体盛出来。

【译文/点评】此写对月饮酒、月光入杯，月下起舞、影随人动的景象。

君子安贫，达人知命。

【注释】出自唐·王勃《滕王阁序》。君子，道德高尚的人。达人，看问题通达的人。

【译文/点评】道德高尚的人能够安于贫困之境，通达的人能够达观地听从命运的安排而无怨言。此言君子安贫知命的人生观。

科头箕踞长松下，白眼看他世上人。

【注释】出自唐·王维《与卢员外象过崔处士兴宗林亭》。科头，此指不戴帽束发、散发。箕踞，两腿伸直坐，是古代一种极散漫而不礼貌的坐姿。

【译文/点评】此写远离世俗世界、不受世俗约束的人生态度。

狂歌得形胜，得醉即为家。

【注释】出自唐·杜甫《陪王侍御宴通泉东山野亭》。形胜，指山水美景。

【译文/点评】此写观山水美景喜极而歌、纵情豪饮醉处即家的快乐之情与豪放之态。

兰陵美酒郁金香，玉碗盛来琥珀光。但使主人能醉客，不知何处是他乡。

【注释】出自唐·李白《客中行》。兰陵，在今山东枣庄市。郁金，一种药材，古人用以浸酒，使酒呈金黄色。琥珀，古代松柏树脂化石，是一种淡黄色、褐色或红褐色的固体，可做装饰品，也可入药。琥珀光，指酒泛着琥珀一样光艳的颜色。但使，只要让。

【译文/点评】此写孤身在异乡、借酒解乡愁之事。第一句言酒美，第二句言酒器好、酒色好。三、四句说只要主人能殷勤待客，身在异乡之人也会被美酒陶醉而忘了乡愁。

满目山河空念远，落花风雨更伤春，不如怜取眼前人。

【注释】出自宋·晏殊《浣溪沙》词。远，指远方的情人。眼前人，指陪酒的歌女。

【译文/点评】山河隔绝，望穿秋水而不见远方的情人；风雨之中落花纷飞，不禁让人更加伤感。罢，罢，罢，还是把酒拥美人，一醉解万忧。此写伤春怀人的痛苦之情。后句化用唐人元稹《会真记》中崔莺莺诗句"还将旧来意，怜取眼前人"句意。

莫将心事厌长沙，云到何处不是家。

【注释】出自唐·元稹《放言五首》。长沙，用汉代贾谊被流放长沙的典故，此指代流放、遭贬。

【译文/点评】不要带着心事埋怨被贬谪流放，看看浮云飞天，哪里不能安家呢？此乃诗人被贬外放的自我安慰之语，表面旷达，实则字里行间透着深深的怨怼之情。

莫思身外无穷事，且尽生前有限杯。

【注释】出自唐·杜甫《绝句漫兴九首》。莫思，不要想。

【译文/点评】此言不必为功名利禄等俗事而费神，还是及时行乐为好。这话看起来颇旷达通脱，实际是失意人无可奈何的自慰之语。

莫言归去无人伴，自有中天月正明。

【注释】出自唐·顾况《送朱拾遗》。

【译文/点评】此言只要心灵充实，就不会有孤独之感。

目穷鸟道青天远，榻转松阴白日闲。

【注释】出自宋·曹仙姑《题梅坛》。

【译文/点评】此写闲适自在的人生情趣。前句写长久仰望青天飞鸟的悠闲之情，后句写围着松阴移床而睡的自在之态。

南北东西春总好，杜鹃何苦劝人归。

【注释】出自宋·王庭珪《次韵陈君授暮春感怀》。杜鹃，即杜鹃鸟，又叫子规。

【译文/点评】春天到了，什么地方景色都非常美，杜鹃何必劝游子归去（杜鹃叫声类似"不如归去"）呢？此言只要有好景色，天下哪里不能为家。表现的是一种达观的人生态度，颇有"天下为家"的胸襟。

能向花前几回醉，十千沽酒莫辞贫。

【注释】出自唐·崔敏童《宴城东庄》。十千，代指很多钱。

【译文/点评】此言只要能对花尽情饮酒，花再多的钱也在所不惜，表现的是一种及时行乐、旷达豪放的生活态度。

千金散尽还复来。

【注释】出自唐·李白《将进酒》。

【译文/点评】中国的老百姓都会说这样一句俗语："钱财是身外之物，生不带来，死不带去。"意思是劝人不要把钱财看得太重。这层意思，与李白"千金散尽还复来"的诗句，其义一矣，皆是达观的财富观。

且就洞庭赊月色，将船买酒白云边。

【注释】出自唐·李白《陪族叔刑部侍郎晔及中书贾舍人至游洞庭》。将船，此指划船。

【译文/点评】此写泛舟洞庭赏明月、划船买酒不辞远的文人情趣。"赊月色"，是比拟修辞法的运用，将月色人格化、实物化，使其成为可望而可即之物，表意生动新颖，既突显了诗人浪漫主义的情怀，又拉近了人与月亮的距离，让人读来格外亲切有味。"白云边"，是夸张修辞法的运用，意在强调划船买酒路途之遥远，从而突显诗人豪放而浪漫的性格特点与旷达的人生态度。

且乐杯中酒，谁论世上名。

【注释】出自唐·孟浩然《自洛之越》。

【译文/点评】此乃劝人看淡俗世功名、及时行乐之语。表面看来颇为旷达，实则表露了诗人一生郁郁不得志的无奈之情。

且乐生前一杯酒，何须身后千载名。

【注释】出自唐·李白《行路难》。

【译文/点评】此言为人不必顾及身后他人如何评价，有生之日能够快乐就好。这是典型的"及时行乐"思想，看似旷达，实则是诗人"英雄无用武之地"的怀才不遇之言。

穷达有命，吉凶由人。

【注释】出自汉·班固《汉书·叙传》。穷，不得志。达，得意。人，指本人。

【译文/点评】是得志还是不得志，这是命；是祸还是福，这由人。此言命运不可改变，但祸福则是由人为而起，是可以选择与趋避的。

劝君莫惜金缕衣，劝君惜取少年时。有花堪折直须折，莫待无花空折枝。

【注释】出自唐·杜秋娘《金缕衣》。莫，不要。堪，能。直，就。

【译文/点评】此诗的意思，用一句话概括就是"行乐要趁年少时"。其所表现的是典型的"今日有酒今日醉"的及时行乐思想，与曹操"对酒当歌，人生几何"的意蕴相通。此诗在中唐时代非常流行，据杜甫《杜秋娘诗》及自注记载，唐宪宗元和年间镇海节度使李锜最爱此诗，并命侍妾杜秋娘在酒宴上演唱。

人贵量力，不贵必成；事贵相时，不贵必遂。

【注释】出自唐·高郢《谏造章敬寺书》。贵，贵于。必，一定。相时，看准时机。遂，成功。

【译文/点评】人贵于根据自己的能力尽心做事，而不在于事情一定能够做成；而做事则贵于看准时机、审时度势，而不在于一定成功。此言做事重在主观努力、尽心尽力。意谓只要努力过就好，只要没错失时机就好，不必非常在意结果。

人生达命岂暇愁，且饮美酒登高楼。

【注释】出自唐·李白《梁园吟》。达命，即达观地对待命运。暇，空暇、空闲。

【译文/点评】人生不顺意，乃是平常。只要能以达观的态度对待之，自可放开胸襟，登高楼观美景，饮美酒享受人生，哪会有时间忧愁呢？"人生达命岂暇愁，且饮美酒登高楼"正是以此自勉，表达了一种积极的人生态度，同时也带有诗人一以贯之的及时行乐思想。

人生得意须尽欢，莫使金樽空对月。

【注释】出自唐·李白《将进酒》。金樽，指很名贵的酒器。

【译文/点评】此二句所要表达的意思，与曹操的"对酒当歌，人生几何"相同，都是宣扬一种及时行乐的思想。但是，"金樽"、"对月"二词所构成的意境，却将饮酒诗意化，颇能让人回味。

忍把浮名，换了浅斟低唱。

【注释】出自宋·柳永《鹤冲天》。

【译文/点评】宁可将仕途前程的浮名抛却一边，也要填词作曲，与青楼歌女浅斟低唱，快乐度日。这是柳永自道心志之语，表现了其放纵不羁、特立独行的性格特点，体现了其旷达潇洒的人生态度，在中国古代可谓是绝无仅有的。因为在那时，读书人都是希望通过科举考试的途径走上仕途，从而实现个人的人生价值以及光宗耀祖的家族荣誉追求。

日长似岁闲方觉，事大如天醉亦休。

【注释】出自宋·陆游《秋思》。岁，年。亦，也。

【译文/点评】此言无所事事才有度日如年的感觉，酒醉之后就什么都能放得下了。

日啖荔枝三百颗，不辞长作岭南人。

【注释】出自宋·苏轼《惠州一首》。日，每天。啖（dàn），吃。

【译文/点评】此言岭南虽荒凉，但每天有荔枝吃，也是人生快事，纵然长作岭南人，又有何妨。诗人被贬岭南，却有如此达观积极的人生态度，这也是诗人终其一生挫折不断而精神不垮的原因所在。

生存华屋下，零落旧山丘。先民谁不死？知命复何忧！

【注释】出自三国魏·曹植《箜篌引》。华屋，指华贵的宫殿。先民，先人。复，又。

【译文/点评】此乃感叹人无论生前如何优游富贵，终究还是免不了一死。世上无人不死，达观知命，想通了这一层，还有什么可以忧愁的呢？其意是在劝人达观知命、及时行乐。

生年不满百，常怀千岁忧。昼短苦夜长，何不秉烛游？

【注释】出自汉·无名氏《生年不满百》。秉，拿、执。

【译文/点评】此乃劝人及时行乐之言。人生不会超过百年，却要为子孙想着千年之后的事，这又何必呢？儿孙自有儿孙福，何必为他做马牛？想通了这层道理，白天行乐还嫌时间不够呢！若此，不妨彻底放达，秉烛夜游。这种想法可能很多人不赞成，但也未尝不是人生的另一种活法、另一种境界。

笙歌归院落，灯火下楼台。

【注释】出自唐·白居易《宴散》。

【译文/点评】此写歌乐停止、宴终人散的情景，表现的是一种高贵豪华的气派。

诗万首，酒千觞，几曾着眼看侯王。

【注释】出自宋·朱敦儒《鹧鸪天》词。觞，酒杯。几曾，什么时候。着眼，正眼。

【译文/点评】此言尽情地饮酒赋诗，是足以傲视一切富贵荣华的，表现的是一种看淡功名、纵情诗酒的洒脱旷达。

使我有身后名，不如即时一杯酒。

【注释】出自南朝宋·刘义庆《世说新语·任诞》。即时，当前、眼前。

【译文/点评】此言只要眼前痛快了，管他什么身后名声？

这是典型的及时行乐的思想，类似"今朝有酒今朝醉，明日愁来明日愁"的观点。

寿命非松乔，谁能得神仙。遨游快心意，保己终百年。

【注释】出自三国魏·曹丕《芙蓉池作》。松乔，松柏与乔木，皆是寿命很长的树木。

【译文/点评】此言乃在劝人莫信神仙之事，还是及时行乐为好。此与其父曹操所宣扬的"对酒当歌，人生几何"的及时行乐思想如出一辙。

桃花流水在人世，武陵岂必皆神仙。

【注释】出自宋·苏轼《书王定国所藏烟江叠嶂图》。

【译文/点评】此言神仙之说皆是虚幻，桃花流水年复一年才是现实。

万事销身外，生涯在镜中。

【注释】出自唐·李益《立秋前一日览镜》。销，通"消"，消失，消亡。

【译文/点评】人有春风得意之时，也有怅然失意之时。失意之时，若能览镜自照，幡然自省，看破红尘，忘了过去，自然也能烦恼不生，未尝不是一件好事，起码对身心是有益的。这便是此二句给我们今人的启发。

为乐当及时，何能等来兹？愚者爱惜费，但为后世嗤。

【注释】出自汉·无名氏《生年不满百》。为乐，行乐。来兹，来年。爱惜费，即吝啬，不肯花费。但为，只被。嗤，嗤笑、嘲笑。

【译文/点评】此乃劝人及时行乐，莫当守财奴，反被后人嘲笑，是典型的"今日有酒今日醉"的享乐主义思想。是耶，非耶？全看各人的人生观。

卧横玉箫泛归舟，吹散万斛江南愁。

【注释】出自元·杨载《次韵虞彦高游阳明洞》。

【译文/点评】泛舟江湖之上，本已是潇洒至极了，还要横卧舟上吹玉箫，那是何等的逍遥与洒脱呢？真的是这样旷达洒脱吗？后句"吹散万斛江南愁"则交代了其中的原因，原来诗人是要逃避现实的不如意，才想起效仿古人扁舟泛游。其字里行间所透露出的辛酸可见矣。虽然是不得已而后的故作洒脱，但毕竟也是一种解除现实忧愁的办法，真能"卧横玉箫泛归舟"，又何尝不是人生的另一种境界呢？

无丝竹之乱耳，无案牍之劳形。

【注释】出自唐·刘禹锡《陋室铭》。丝竹，指代弦乐器与管乐器，泛指音乐。案牍（dú），书桌、文书。劳形，身体劳累。

【译文/点评】没有音乐在耳边喧嚣，没有公文使身体劳累。此言"无官一身轻"的快乐与好处。

五花马，千金裘，呼儿将出换美酒，与尔同销万古愁。

【注释】出自唐·李白《将进酒》。五花马，代指骏马。千金裘，代指极珍贵的衣物。尔，你。万古愁，是夸张的说法，指极度的忧愁。

【译文/点评】诗人被友人招待，喝到兴头，却反客为主，令主人卖马典裘以换美酒。这看起来非常不合情理，却恰恰表现了诗人狂放不羁、任情豪放的个性，同时也不经意间泄露了诗人内心深处的忧愁之情。表面说的是与主人一起消解忧愁，实是要借主人之酒浇自己心中之愁。这四句长短不一，恰似行酒之令，读来不仅铿锵豪放，更有一种悲壮在其中。因此，自古以来最得失意者之心，成为他们借酒浇愁最好的理由。

细推物理须行乐，何用浮荣绊此身？

【注释】出自唐·杜甫《曲江二首》其一。物理，事物的道理。

【译文/点评】此二句的主旨，就是要求人们抛弃一切功名利禄与虚荣之心，以出世的态度来追求人世的快乐、追求绝对的身心自由。与曹操"对酒当歌，人生几何"之句相比，少了几分消极颓废之气，多了几分道家飘然出世之风。

闲云野鹤，无拘无束。

【注释】出自清·曹雪芹《红楼梦》第一百一十二回。

【译文/点评】此以浮云、飞鹤比喻一个人行动自由、随心所欲的生活状态。

吁嗟身后名，于我若浮烟。

【注释】出自晋·陶渊明《怨诗楚调示庞主簿邓治中》。吁嗟，此指感叹、感慨。若，像。

【译文/点评】此言身后之名就像烟云一般飘浮不定，不必系心于此。意谓人生苦短，不如及时行乐为好。

寻诗人去留僧舍，卖画钱来付酒家。

【注释】出自清·敦敏《赠曹雪芹》。

【译文/点评】此写曹雪芹虽温饱难以保证，仍不失文人情趣与旷达的情性：寻诗而留连山水，诗成而留题僧舍；卖画换得钱，买醉于酒家。

一生大笑能几回，斗酒相逢须醉倒。

【注释】出自唐·岑参《凉州馆中与诸判官夜集》。斗酒，一斗酒。

【译文/点评】中国古代有说法，说人生有四大快事，即"久旱逢甘霖，他乡遇故知，洞房花烛夜，金榜题名时"。与朋友在边塞相遇，自是人生一大快事，岂能不"酒逢知己千杯少"，喝他个一醉方休呢？"一生大笑能几回，斗酒相逢须醉倒"二句，表现的正是此意。虽然有些借酒浇愁、"今日有酒今日醉"的消极意味，但充满了豪爽之情，令人深受感染。

游人莫笑白头翁，老醉花间有几人。

【注释】出自唐·刘禹锡《杏园花下酬乐天见赠》。

【译文/点评】此写白头心犹壮、纵酒醉花间的潇洒豪放。

游仙半壁画，隐士一床书。

【注释】出自北周·庾信《寒园即目》。游仙，指游于名山、寻求成仙之道的人。隐士，指隐居不出仕的人。

【译文/点评】此写游仙与隐士的生活状态。

有酒且尽欢，听我薤露歌。

【注释】出自明·刘基《薤露歌》。薤（xiè）露歌，古代的一种挽歌名。

【译文/点评】对于死，人不论贫富贵贱，都有畏惧之心。因此，现实生活中我们经常听到许多有关死的讳饰语。饮酒是为了作乐，为何一定要唱不吉利的挽歌呢？乍看让人不解，其实这正是诗人上述两句诗所要表达的主旨：能看透生死，人生还有什么忧愁？人生短短几个秋，还不应该及时行乐吗？其所表现的主旨与曹操的"对酒当歌，人生几何"的人生观一般无二。

知己者不怨人，知命者不怨天。

【注释】出自汉·刘安《淮南子·谬称训》。

【译文/点评】了解自己的人不会埋怨别人对自己不好，知道命运的人不会埋怨上天对他不公。此言认识到自己的弱点所在，就能达观地对待别人的批评；认识到命运的不可抗拒性，就会达观地对待人生的挫折。

中觞纵遥情，忘彼千载忧。且极今朝乐，明日非所求。

【注释】出自晋·陶渊明《游斜川》。中觞，觞中，即杯中。纵，放纵。

【译文/点评】此句意在劝人及时行乐，颇与"今日有酒今日醉，明日愁来明日愁"的颓废思想同调。不过，这也是一种生活方式。

钟鼓馔玉不足贵，但愿长醉不复醒。

【注释】出自唐·李白《将进酒》。钟鼓，指权贵人家的音乐。馔（zhuàn）玉，指精美的食物。钟鼓馔玉，此代指富贵荣华。但愿，只希望。

【译文/点评】此言不奢求人生荣华富贵，只希望"杯中酒不空"，人生足矣。这话看起来有些不求进取的颓废主义情调，实则是诗人不得意的自慰之言。

自此光阴为己有，从前日月属官家。

【注释】出自唐·白居易《喜罢郡》。

【译文/点评】此言卸任一身轻的欢快之情。

醉里且贪欢笑，要愁那得功夫。

【注释】出自宋·辛弃疾《西江月》。那，哪。功夫，时间。

【译文/点评】醉梦中还想着行乐，哪里还有时间发愁呢？此言人生苦短，还是及时行乐为好，不必忧愁苦度人生。

昨夜松边醉倒，问松我醉何如？只疑松动要来扶，以手推松曰去。

【注释】出自宋·辛弃疾《西江月》。

【译文/点评】此以拟人修辞法将松树人格化，使其带有人的生命情态（我问松、松动来扶），通过松的人性化反衬诗人醉酒而神志恍惚的真切情态。虽是写平常的醉酒，但写得趣味盎然，让人从中体会到寻常生活艺术化的情趣。

坐上客恒满，樽中饮不空。

【注释】出自汉·孔融《诗》。恒，常。樽，酒杯。

【译文/点评】家中高朋满座，杯中玉液不空，尽情地谈笑，尽情地豪饮。这是孔融认为的人生最高境界，虽然显得有些颓唐，但真能如此，何尝不是一种幸福？就怕想不开，做不到。事实上，孔融自己确实做不到，不然何以最后被曹操杀了呢？

赠言励志

薄于当世而荣于后世。

【注释】出自唐·柳宗元《与杨京兆凭书》。

【译文/点评】此言在生前不得意的人，往往留名于后世。其意是鼓励那些暂处于困境的人不要沮丧，要相信历史的公正无私，好好做事，好好做人。

不可以一时之得意，而自夸其能；亦不可以一时之失意，而自坠其志。

【注释】出自明·冯梦龙《警世通言·钝秀才一朝交泰》。

【译文/点评】此言与今日所说"胜不骄，败不馁"同义，意在告诫世人成功、顺利之时要保持头脑清醒；失败、挫折之时要不坠青云之志。

不是一番寒彻骨，争得梅花扑鼻香？

【注释】出自元·高明《琵琶记·旌表》。争得，怎能。

【译文/点评】此以梅花香自苦寒来为喻，说明了这样一个道理：一个人要有一番大作为，就须经过艰苦的历练。

功名只向马上取，真是英雄一丈夫。

【注释】出自唐·岑参《送李副使赴碛西官军》。

【译文/点评】此言大丈夫要做英雄，就要到边塞从军，一刀一枪，杀敌立功，从而博得封妻荫子的功名富贵。这是诗人的见解，也是唐代大多数读书人锐意进取的人生观，更是盛唐时代人普遍的价值观，是特定的时代风气的体现，充溢着一种积极向上、奋发进取的时代精神。

好男不吃分家饭，好女不穿嫁时衣。

【注释】出自清·吴敬梓《儒林外史》第十一回。

【译文/点评】此言好儿女应该独立奋斗，不可依赖父母，意在鼓励做子女的要有自立、自强的精神。

嘉谷不夏熟，大器当晚成。

【注释】出自唐·欧阳詹《徐十八晦落第》。大器，指有杰出成就的大才。

【译文/点评】好的谷物不在夏天成熟，杰出的人才出道不会太早。此以嘉谷晚熟为喻，说明成功较晚者才是大才，意在鼓励友人不必为考试的一时失败而灰心。

睫在眼前长不见，道非身外更何求。

【注释】出自唐·杜牧《登池州九峰楼寄张祜》。睫，眼睫毛。道，此指才能、名声。

【译文/点评】张祜曾为了进士考试而求白居易荐举，白居易将其名列于徐凝之下，使早负盛名的张祜非常委屈，这两句诗所说的意思正与此事相关。表面是说：眼睫毛就在眼前却看不见，有道在身又何必向他处寻求呢？实际要表达的深层语义则是：白居易有眼不识英才，你张祜不必在意，你有才能在身、盛名在外，何必在意白居易的评价。后二句"谁人得似张公子，千首诗轻万户侯"，更将这层意思表达得淋漓尽致。

君不见高阳酒徒起草中，长揖山东隆准公。

【注释】出自唐·李白《梁甫吟》。高阳酒徒，指秦末儒生郦食其。草中，指民间、社会下层。长揖，古代一种大礼。隆准，高鼻子。隆准公，指汉高祖刘邦。

【译文/点评】郦食其本是一介书生，虽然有治国安邦的奇才，但一直屈居社会底层。秦末刘邦起事成功后，郦食其前去投奔刘邦，被向来看不起儒生的刘邦大大羞辱了一番，但最终郦食其还是以自己出众的治国安邦谋略折服了刘邦，使刘邦对之深为敬服并视为上宾。上面两句诗叙述的便是这段历史故事，其意是勉励目前还屈居社会下层的有志之士（当然更包括诗人自己）不必自暴自弃，应该像郦食其那样勇于进取，最终成就一番事业。

立大事者，不惟有超世之才，亦必有坚忍不拔之志。

【注释】出自宋·苏轼《晁错论》。不惟，不仅。

【译文/点评】此言做大事的人，不仅要有过人的才能，还要有承受挫折而坚忍不拔的意志。意在鼓励世人做大事，就要不怕挫折，要有"打掉牙齿和血吞"的容忍力和愈挫愈勇、百折不挠的意志。

良田无晚岁，膏泽多丰年。

【注释】出自三国魏·曹植《赠徐幹》。岁，收成。晚岁，收成不好。膏泽，肥沃润泽，指肥田沃土。

【译文/点评】是良田，就不担心没有好收成；是沃土，就肯定多丰年。此以良田沃土必致丰年为喻，激励朋友是干才必能出人头地、大有可为。

莫愁前路无知己，天下谁人不识君？

【注释】出自唐·高适《别董大二首》其一。

【译文/点评】是金子总会放光，是英雄总会有用武之地。诗人送别朋友董大的上述二句赠别语，正是说出了这个道理。前句是劝慰，慰的是一代琴界圣手的落泊失意之情；后句是赞颂，颂的是友人才华德望之隆。劝慰之中有鼓励，质朴之中见真淳，真可谓是一语揾尽英雄泪、片言鼓起才士气。

男儿西北有神州，莫滴水西桥畔泪。

【注释】出自宋·刘克庄《玉楼春》。西北，代指宋朝失陷的中原故土。神州，中国。水西桥畔，泛指妓女聚集之地。南宋时，都城临安（今杭州）清冷桥西熙春楼下，谓之南瓦子，是妓女聚集之地。水西桥畔可能指此处。

【译文/点评】此二句虽是规劝朋友要振作有为，不可在倚红偎翠中消磨意志。实则借此劝说南宋的所有有志之士，不要整天与妓女混在一起儿女情长；应该时刻牢记中原沦陷、故国没有恢复的国耻，告诫他们西北才是男儿建功立业、报效国家之所在。是规劝，也是批评，可谓振聋发聩！

男儿志兮天下事，但有进兮不有止。

【注释】出自梁启超《志未酬》。兮，句中叹词，相当于"啊"。但，只。

【译文/点评】此言男子汉大丈夫应该为了天下事而勇往直前。

千淘万漉虽辛苦，吹尽狂沙始到金。

【注释】出自唐·刘禹锡《浪淘浪九首》。漉，过滤。

【译文/点评】此以淘沙得金为喻，说明了这样一个做人的道理：经得起考验才能终成大器。意在鼓励世人要经得起挫折，经风雨，见世面，才能成大器，有所作为。

强者不自勉，或死而泯灭于无闻；弱者能自力，则必有称于后世。

【注释】出自宋·欧阳修《尚书屯田员外郎张君墓表》。勉，尽力、努力。或，也许。则，那么。必，一定。

【译文/点评】能力强的人如果不努力，也许一生碌碌无为，死后默默无闻；能力弱的人如果能够不断努力，那么就一定有所建树，死后被后世称道。此言意在鼓励强者要努力，弱者要有信心。只要不懈努力，不论强者弱者，终会有所成就。

且吟王粲从军乐，不赋渊明归去来。

【注释】出自唐·李商隐《偶成转韵七十二句赠四同舍》。王粲，东汉末期著名文学家。从军乐，指王粲随曹操东征时所写《从军乐》之诗。渊明，即陶渊明，东晋著名文学家，辞官归乡，过着自食其力的田园生活，曾写有《归去来兮辞》。

【译文/点评】大丈夫还是吟诵王粲的《从军乐》而奋发进取为好，不要学陶渊明吟着《归去来兮辞》归隐田园而无所作为。此乃劝人建功立业、奋发向上的励志之言，表现的是唐代读书人普遍积极进取的人生态度。

人生在勤，不索何获。

【注释】出自南朝宋·范晔《后汉书·张衡传》。索，追求。

【译文/点评】人生的意义在于勤奋向上，没有追求，何以有所成就。此言意在强调人生应该奋发有为，有志之士应该有所追求。

人所以为人者，非以此八尺之身也，乃以其有精神也。

【注释】出自汉·王符《潜夫论·卜列》。所以，……的原因。……者……也，古代汉语的判断句形式之一，相当于"……是……"。非以，不是因为。乃以，而是因为。其，他。

【译文/点评】人之所以成为人，不是因为他有八尺之躯，而是因为他有精神。此言一个人徒有其表是没有什么价值的，重要的是要有一种精神追求。

人无志，非人也。

【注释】出自三国魏·嵇康《家诫》。也，句末语气助词，帮助判断。

【译文/点评】一个人没有志向，那就算不得人，此言立志对一个人成才的重要性。

三刀梦益州，一箭取辽城。

【注释】出自唐·杨巨源《赠卢洺州》。

【译文/点评】前句用晋人王濬梦三刀悬门而升任益州刺

史的典故，后句以"取辽城"表示立功边疆之意。两句合起来意在预祝朋友升官担大任，为国戍边立大功。

生为百夫雄，死为壮士规。

【注释】出自汉·王粲《咏史诗》。百夫，指代很多人。规，指榜样。

【译文/点评】活着时要做人中之雄，死了也要为有志之士做个好榜样。此言有志之士锐意进取的人生观。

士而怀居，不足以为士矣。

【注释】出自先秦《论语·宪问》。士，古代统治阶层中的知识分子。而，却。怀居，指留恋家室的安逸。不足以，即不配。为，做。矣，了。

【译文/点评】既想立志为士，却又贪恋家室之安逸，那就不配做士了。这是孔子对心中的士所作的期待。这话与后世所说的"大丈夫当以四海为家"的话基本同义，皆是勉励男儿要有志在天下的雄心，不可儿女情长、贪图安逸。

水不激不跃，人不激不奋。

【注释】出自明·冯梦龙《古今小说·穷马周遭际卖锤媪》。

【译文/点评】此以激水而跃为喻，说明一个人奋发向上往往需要他人激励、激将的道理。

四十、五十而无闻焉，斯亦不足畏也已。

【注释】出自先秦《论语·子罕》。无闻，没有名气或成就，不为他人所了解。焉，语气助词。斯，这。亦，也。足，足以、可以。畏，怕。也、已，皆句末语气助词。

【译文/点评】四十岁、五十岁还没有成就，这也没有什么可以害怕的。这是孔子鼓励年轻一辈要珍惜时光、奋发有为的话，其中也包含了"大器晚成"的鼓励之意，让后进者不泄气。

太山在前而不见，疾雷破柱而不惊。

【注释】出自宋·欧阳修《六一居士传》。

【译文/点评】此以比喻修辞法，形象地说明了做事要专注，不为外界干扰所影响的道理。

天行健，君子以自强不息。

【注释】出自先秦《周易·乾》。天行，即天道，指日月星辰的变化、四季交替循环等。健，强壮有力。

【译文/点评】天道刚健，生生不息；君子应该效仿天道，不断努力，奋发有为。此以天体运行的规律作引喻，勉励世人努力不懈、积极进取。

万里飞腾仍有路，莫愁四海正风尘。

【注释】出自明·夏完淳《舟中忆邵景说寄张子让》。正风尘，指抗清斗争。

【译文/点评】此言不要为眼前的战乱而忧心，大丈夫飞黄腾达之日一定会到来。这是鼓励朋友振作精神、努力进取之言。

无冥冥之志者，无昭昭之明；无惛惛之事者，无赫赫之功。

【注释】出自先秦《荀子·劝学》。冥冥、惛惛（hūn），皆指精神专一的样子。志、事，在此都指意志。昭昭，明达貌。赫赫，显盛貌。

【译文/点评】没有专心一意的心志，就不会思想明达；没有专一不移的意志，就不会取得大的成就。此言专心致志的品质是思想明达、事业成功的保证。

无为在歧路，儿女共沾襟。

【注释】出自唐·王勃《送杜少府之任蜀川》。歧路，即岔路，指分手之处。

【译文/点评】此二句是勉励朋友别为离别伤感，同时也是在劝慰自己。是与朋友共勉的赠语，目的在于勉励朋友也勉励自己应该坚强做人，以有一番大作为。

贤者不得志于今，必取贵于后。

【注释】出自唐·柳宗元《寄许京兆孟容书》。必，一定。

【译文/点评】有贤能、贤德的人在当世不得志，身后一定能在青史留下好名声。这是鼓励那些不得志的人，不过也确实说出了历史的真相。在人类历史上，生前默默无闻、死后声名鹊起者大有人在。不说外国，就说中国，历史上许多有成就的人在世时都是失意者，却都在死后实现了青史留名的目标。如汉代飞将军李广，一生经历无数战役，却始终封不了侯，他生前该是多么失意，该有多怨？但是，千百年以来，中国人哪个不知道李广，不会吟咏"但使龙城飞将在，不教胡马度阴山"的诗句怀念他？又如南宋抗金英雄岳飞，虽披坚执锐、所向披靡，差点成就了"直捣黄龙府，与诸君痛饮耳"的目标，最后却被奸佞小人秦桧陷害，以"莫须有"的罪名处死。他一生得意吗？可是，他死后，中国人哪一个不歌颂他，不为他抱怨，不会吟咏他的《满江江》而热血沸腾？再如唐代大诗人李白，虽然自信"天生我材必有用"、"我辈岂是蓬蒿人"，但结局不仅还是"蓬蒿人"，而且还"水中捞月"死于江中，连普通人寿终正寝的结局也没得到。他能不怨吗？然而，他死后，千百年来中国人说到中国文学，说到唐诗，谁能不提他？今日三岁的小孩都能背出他"举头望明月，低头思故乡"的诗句。这些历史事实，岂能不有力地证明柳宗元"贤者不得志于今，必取贵于后"的论断是无可置疑的吗？

须知极乐神仙境，修炼多从苦处来。

【注释】出自清·袁枚《遣兴》。

【译文/点评】此以成仙要苦苦修炼为喻，说明要想成就一番事业，就应该耐得住寂寞与艰苦而作长久的修炼。此与我们常说的"宝剑锋从磨砺出，梅花香自苦寒来"同义，也与俗语"吃得苦中苦，方为人上人"所言一义。

要为天下奇男子，须历人间万里程。

【注释】出自明·冯梦龙《东周列国志》第三十四回。"万里程"是夸张，也是比喻，意指艰苦的人生历程与历练。

【译文/点评】此言要有一番大作为，就须经受严酷的考验与艰苦的磨炼。

业无高卑志当坚，男儿有求安得闲。

【注释】出自宋·张耒《示秬秸》。求，追求。安得，怎么能。

【译文/点评】事业没有高下之别，男儿立志当坚定，有追求就会有成就，怎么能赋闲而无所事事呢？此乃劝人立志进取的励志之语。

一息尚存，此志不容稍解。

【注释】出自清·程允升《幼学琼林·身体》。解，同"懈"。

【译文/点评】此与今日我们所说的"生命不息，战斗不止"同义，皆是鼓励人们朝着既定的奋斗目标坚持不懈地努力。

宜守不移之志，以成可大之功。

【注释】出自宋·苏轼《赐太师文彦博乞致仕不允断来章批答》。宜，应该。

【译文/点评】此言要成大事业，就要有坚定不移的志向。意在鼓励世人越是艰难的时刻，越要抱定志向不可改变，那就距成功不远了。

早成者未必有成，晚达者未必不达。

【注释】出自明·冯梦龙《警世通言·老门生三世报恩》。达，发达、成功。

【译文/点评】此言成功早的人未必有大的成就，晚成功的人未必就不能取得杰出的成就。意谓大器是早成还是晚成，是难以断定的。

丈夫不叹别，达士自安卑。

【注释】出自唐·崔湜《赠苏少府赴任江南余时还京》。卑，指卑微的地位。

【译文/点评】大丈夫不为离别而感伤，旷达之士不为地位低贱而自卑。此是赠别励志之语，意在劝慰朋友别为离别悲伤，别为官职低卑而灰心。

丈夫不作儿女别，临歧涕泪沾衣巾。

【注释】出自唐·高适《别韦参军》。儿女别，指像男女离别时那样哭哭啼啼。临歧，临近岔路，指到临别分手之时。

【译文/点评】此二句与唐初王勃诗句"无为在歧路，儿女共沾襟"（《送杜少府之任蜀川》）几乎出于一辙，或是直接化自王勃诗句也有可能，其意也是在劝勉男儿应该坚强，不要儿女情长。

丈夫非无泪，不洒离别间。

【注释】出自唐·陆龟蒙《别离》。

【译文/点评】中国古代交通不便，出一次门不易，因此与亲友离别之时泪洒衣襟，也属人之常情。但是，要做大丈夫，要做一番大事业，就必须离别亲友，甚至要抛妻别子，义无反顾出门去。此二句之意在于勉励天下男儿应当坚强，不要儿女情长，更不要为别离哭哭啼啼。所言与唐初王勃诗句"无为在歧路，儿女共沾襟"（《送杜少府之任蜀川》）同义。

丈夫盖棺事始定，君今幸未成老翁，何恨憔悴在山中。

【注释】出自唐·杜甫《君不见简苏徯》。憔悴，此指不得志。山中，指不做官而流落在民间。

【译文/点评】此乃鼓励朋友之语，意谓：大丈夫的成败论定不在一时，而在长远；现在你年纪还不大，努力进取还有光明的前途。

丈夫盖世英雄气，肯学世间儿女愁。

【注释】出自宋·李景雷《和宋伯仁韵》。

【译文/点评】此言大丈夫应该充满冲天豪气，不要学小女子那样多愁善感。

做第一等人，干第一等事，说第一等话，抱第一等识。

【注释】出自明·吕坤《续小儿语》。

【译文/点评】此言做人应该志存高远、胸襟阔大，同时立意要高、眼光要远、胆气要豪，如此，才能成就大业，青史留名。

明心见性

安能以皓皓之白，而蒙世俗之尘埃乎？

【注释】出自先秦·屈原《渔父》。安，怎么。以，用。皓皓，洁白之貌。蒙，蒙受。乎，呢。

【译文/点评】我怎么能以自己洁白无瑕的人格去蒙受世俗的尘垢呢？这是屈原自道心曲之语，表现了一个洁身自好者困境之中仍不改心志，不愿与世俗之人同流合污的人格追求。

安能以身之察察，受物之汶汶者乎？

【注释】出自先秦·屈原《渔父》。安能，怎么能。察察，洁净。汶汶，玷污。乎，语气词，相当于"呢"。

【译文/点评】屈原受小人谗言而被楚王放逐，渔父劝他与世同浮，不必太清高。屈原感慨系之，遂说出了这句话。意思是说，我怎么能让自己清白的身子染上世俗的污秽呢？这是屈原表明他不愿与世俗同流合污、不向恶势力低头的宣言，也是后代仁人志士引以自勉的格言。

不受尘埃半点侵，竹篱茅舍自甘心。

【注释】出自宋·王淇《梅》。

【译文/点评】此写梅花开在竹篱茅舍之旁，花叶不染半点尘埃的形象，意在借梅花自喻，表达自己追求洁身自好、自标一格的人格理想。

不要人夸颜色好，只留清气满乾坤。

【注释】出自元·王冕《墨梅》。清气，清香。乾坤，天地。

【译文/点评】此乃诗人借物言志之句。明里是写墨梅不同于白梅、红梅那样颜色鲜艳，却香气充溢天地之间；暗里则是以梅喻己，表明自己高洁而不苟同于世俗之辈的志向与情趣。

不以物喜，不以己悲。

【注释】出自宋·范仲淹《岳阳楼记》。以，因。物，指外部环境。

【译文/点评】不因为外部环境好而高兴，不因为自己的得失而悲伤。此言自己的思想情绪不会随着外部环境的好坏而有所变化。意谓只要把功名富贵、利益得失等等都看淡了，做人自然能够宠辱不惊。这是作者自我心志的表白，体现了一个正直的士大夫的人格追求。

沧浪之水清兮，可以濯我缨；沧浪之水浊兮，可以濯我足。

【注释】出自先秦古歌《孺子歌》。沧浪，水名，即《水经注》所记沔水，春秋时又称清发水。发源于今湖北省随县西南，东南流经汉川入汉江。兮，语气助词，相当于"啊"、"呀"。濯（zhuó），洗。缨，结冠的带子。

【译文/点评】沧浪之水清，可洗我冠缨；沧浪之水浊，可以洗我足。这表面是写根据水的清浊决定所要做的事情，实际要表达的是根据周围的社会环境修洁其身的人格追求。

车尘不到张罗地，宿鸟声中自掩门。

【注释】出自宋·李弥逊《春日即事》。车尘不到，指没有达官贵人登门。张罗，张网捕鸟，喻指无人惊扰。

【译文/点评】此写车马不到、宿鸟不惊的宁静景象，表现的是远离功名富贵的淡泊心境。

出淤泥而不染，濯清涟而不妖。

【注释】出自宋·周敦颐《爱莲说》。濯（zhuó），洗。清涟，指清水。妖，妖艳。

【译文/点评】从污泥中长出而不沾染一点污泥，在清水中洗过，明艳而不妖艳。此写莲花洁净的形象，意在借莲花自喻，表露自己身处俗世而追求洁身自好、一尘不染的人格理想。

垂纶在林野，交情远市朝。澹然古怀心，濠上岂伊遥。

【注释】出自晋·孙绰《秋日》。垂纶，垂钓。纶，钓绳。澹然，清静淡泊的样子。古怀心，怀古之心。濠上，指庄子与惠子所游之处，二人有关于"鱼之乐"的讨论。岂，难道。伊，语气助词，无义。

【译文/点评】垂钓于林野之中，远离尘世的喧嚣与虚伪客套，怀着一颗淡泊名利的怀古心，庄子与惠子濠上游的鱼乐之趣岂会遥不可及？其所表达的向往闲适生活情调的心情跃然可见矣。

此身合是诗人未，细雨骑驴入剑门。

【注释】出自宋·陆游《剑门道中遇微雨》。合是，应该是。剑门，在四川境内。

【译文/点评】这一生难道只应该做个行吟的诗人吗？不能骑马难道就不能骑驴入剑门而冲锋陷阵吗？此乃诗人不甘心做个书生，而想驰骋疆场、杀敌立功的心志表白。

带长铗之陆离兮，冠切云之崔嵬。

【注释】出自先秦·屈原《楚辞·九章·涉江》。长铗(jiá)，长剑。陆离，长长的样子。冠，戴。兮，语气助词，相当于"啊"、"呀"。切云，冠名，取高摩青云之意。崔嵬，高高的样子。

【译文/点评】长剑陆离佩在腰，切云之冠高高戴。这是屈原自写形象的句子，其意是以其不同凡响的装扮形象突出其与众不同的君子形象和人格追求。

但愿苍生俱饱暖，不辞辛苦出山林。

【注释】出自明·于谦《咏煤炭》。但，只。愿，希望。苍生，百姓。俱，都。

【译文/点评】此以煤炭为喻，表明了诗人愿为天下苍生的饱暖而不懈努力的心志。今日我们称赞一个人的伟大无私，有一句话，叫做"燃烧了自己，照亮了他人"，说的正是这个精神境界。

但愿众生皆得饱，不辞羸病卧残阳。

【注释】出自宋·李纲《病牛》。但，只。愿，希望。羸

(léi)，瘦弱。

【译文/点评】此以老牛不辞病弱之体耕种不辍为喻，表达了诗人老病血衰之年仍希望为国出力，为解决天下民众的温饱而努力的心志。今日我们说做官要"做人民的老黄牛"，其思想境界同此。

芳菊开林耀，青松冠岩列。怀此贞秀姿，卓为霜下杰。

【注释】出自晋·陶渊明《和郭主簿二首》其二。

【译文/点评】菊花是傲霜而开的，青松是立霜雪之中而不败的。诗人颂扬芳菊、青松的贞秀之姿，其意并非在写物本身，而是借此歌颂那些孤高自守清操的古代高士，表明自己向这些"卓为霜下杰"的高士看齐的志向。

富贵非吾事，归与白鸥盟。

【注释】出自宋·辛弃疾《水调歌头》。吾，我。

【译文/点评】富贵不是我的人生目标，与鸥鸟相伴，回归自然，自由自在地生活才是我的追求。此乃诗人明心见志之语，表达了厌恶官场、向往自然的文人情怀。

富贵非吾愿，帝乡不可期。

【注释】出自晋·陶渊明《归去来兮辞》。非，不是。吾，我。愿，愿望。帝乡，指京城，此指做大官。

【译文/点评】此乃诗人甘愿寄情山水、隐居不出，不以做官为荣的人生观的明确宣示。

高蹈风尘外，长揖谢夷齐。

【注释】出自晋·郭璞《游仙诗十四首》其一。高蹈，远离。风尘，俗世。揖，作揖。谢，辞别。夷齐，即伯夷、叔齐，周朝初年的两个隐士。

【译文/点评】远离尘世、超凡脱俗，坚决隐居，退隐之志比伯夷、叔齐还要坚决。这便是诗人的心迹表露，也是他的人格追求。

过门无马迹，满宅是蝉声。

【注释】出自唐·姚合《闲居》。

【译文/点评】此写诗人对闲适隐居生活的满足之情。前句之妙在于意在言外，写门前无马迹，乃是暗指居官之清闲。后句之妙在于在反衬对比中达意传情，明写满宅是蝉声，实则以闹衬静，凸显住处之清静。因为若是有人惊扰，岂能满院是蝉声？

衡门之下，可以栖迟；泌之洋洋，可以乐饥。

【注释】出自先秦《诗经·陈风·衡门》。衡门，横木为门，指代住处的简陋。栖迟，休息。泌，涌出的泉水。洋洋，水流的样子。乐饥，疗饥、充饥。

【译文/点评】横木为门，就可以为家；汩汩泉水，可以充饥。此言生活的好坏在于心态，只要有一颗安贫乐道的心，人生也是幸福快乐的。这是隐者表达安贫乐道之语。有此达观的态度，自然可以安于贫寒，乐度人生。

回首向来萧瑟处，归去，也无风雨也无晴。

【注释】出自宋·苏轼《定风波》词。萧瑟，指风雨之声。

【译文/点评】回顾来时一路风狂雨骤，如果能回到家里，也就不必在意天气的阴晴了。此以风雨阴晴隐喻政治上的是非风波，表达了厌倦官场，希望脱离宦海、回归田园的理想。

两间东倒西歪屋，一个南腔北调人。

【注释】出自明·徐渭题绍兴青藤书屋联语。

【译文/点评】上句写居室之陋，下句写室主的非南非北的游民身份。表面是叙事，实则表达的是室主独立世俗之外、淡泊名利、追求自由生活的人生理想。

洛阳亲友如相问，一片冰心在玉壶。

【注释】出自唐·王昌龄《芙蓉楼送辛渐》。

【译文/点评】此诗约写于开元二十九年以后，是诗人从龙标贬所归吴，任江宁丞时送别朋友辛渐之作。由于政治原因，诗人三次被贬远放。但他相信清者自清，浊者自浊，是非不必辩解，故借送友人临别叮嘱之机，以晶莹透明之冰被包容于清澈无瑕、澄空见底的玉壶之中作比，道出了自己的心声：谗言不必畏，谤诽由他人，清清白白自我，足可告慰洛阳亲友。唐人王维、崔颢、李白等人都曾以冰心、玉壶自励、自标其人格，但以王昌龄此句最为有名。究其原因，乃是比喻新颖，表意含蓄隽永，玉壶包冰心，清澈者更显清澈，透亮者更见无瑕。由此，"一片冰心在玉壶"一句遂成为千古以降高洁之士引以自喻人格的名言。

宁为宇宙闲吟客，怕作乾坤窃禄人。

【注释】出自唐·杜荀鹤《自叙》。闲吟客，指不受拘束的文人。窃禄人，指尸位素餐的官人。

【译文/点评】此言宁可做一个自由自在的文人，也不做尸位素餐的官员，意谓做官就要有所作为。此乃诗人明心见志之语。

扁舟泛湖海，长揖谢公卿。

【注释】出自唐·孟浩然《自洛之越》。扁（piān）舟，指小船。长揖（yī），很庄重的作揖礼。公卿，指代大官。

【译文/点评】远离官场，告别公卿，驾一叶扁舟，啸傲于江湖之上。此乃诗人决心远离官场的明心见志之言，同时也是其仕途不通的自我解慰之语，更是其郁郁不得志的悲伤心曲表白。

千锤万凿出深山，烈火焚烧若等闲。粉骨碎身全不怕，要留清白在人间。

【注释】出自明·于谦《石灰吟》。

【译文/点评】此写石灰经由焚烧而变成为人类使用的涂料的全过程，意在借石灰以自喻，表达自己不畏艰难甚至置生死于度外而造福社会、报效国家的心志。"要留清白在人间"，乃是运用双关修辞法，表面是说石灰的颜色，实际要表达的是诗人自己清白做人的人格志向。

青山是处可埋骨，白发向人羞折腰。

【注释】出自宋·陆游《醉中出西门偶书》。是处，到处。

折腰，弯腰，指求人。

【译文/点评】哪里不能埋人骨，何必白头还求人？此乃表达诗人宁可默默无闻地生活一辈子，也决不为了名利而向权贵卑躬屈膝以损人格的决心。

清风两袖朝天去，免得闾阎话短长。

【注释】出自明·于谦《入京诗》。天，此指皇帝。闾阎，里巷，代指老百姓。话短长，代指说闲话。

【译文/点评】两袖清风见皇帝，不让百姓说闲话。此乃诗人清廉为官、洁身自好的心志表白。

人爱名与利，我爱水与山。

【注释】出自金·刘汲《题西岩》其一。

【译文/点评】爱名贪利，乃是世俗常情。但是，诗人却以耽于山水自然之间为人生最大的快乐。这是诗人自标其人格追求之言，也是诗人不同凡俗的情趣志向与超然旷达人生观的真情表露。

三径就荒，松菊犹存。

【注释】出自晋·陶渊明《归去来兮辞》。三径，是用典，汉代隐士蒋诩隐居时，在舍前竹下开了三条小路，只与求仲、羊仲来往。后代遂以"三径"代指隐士居所。就，接近。荒，荒芜。犹，还。

【译文/点评】此写自己久未在家，混迹官场，以至于高洁的隐士都不与自己来往了，舍下的三径差不多荒芜了。但可喜的是松菊还在。松菊也是孤傲高洁的象征，此处用以象征自己还有松菊之本性，表达自己决心回归自然、远离俗世的决心。

山中人自正，路险心亦平。

【注释】出自唐·孟郊《游终南山》。亦，也。

【译文/点评】此以山居、行路为喻，明确表达了诗人身处世外不忘修身正己、仕途艰难而淡泊处之的人生态度。

少无适俗韵，性本爱丘山。

【注释】出自晋·陶渊明《归田园居五首》其一。适俗韵，适合世俗的性情。性，本性。

【译文/点评】不爱俗世的荣华富贵，而爱山水自然，乃是本性使之然。这是诗人的心灵独白，也是其人生志向与理想情趣的真情表白。

水流心不竞，云与意俱迟。

【注释】出自唐·杜甫《江亭》。

【译文/点评】前句以河水滔滔不绝与自己心静如止水的心态作对比，后句以白云悠悠、自由自在之态与自己行动迟迟的闲适之状相比，以此凸显诗人意欲超然物外、无意再在仕途苦争之意。因此，清人仇鳌《杜诗详注》评此二句"有淡然物外、优游观化意"。

水能性澹为吾友，竹解心虚是我师。

【注释】出自清·阮元题沈阳故宫衍庆宫联语。

【译文/点评】此联系集唐人白居易《池上竹下作》诗句而成，表达的是修身养性的一种崇高境界：如水般淡泊名利，如竹般虚心谦逊。

桃花流水窅然去，别有天地非人间。

【注释】出自唐·李白《山中问答》。窅（yǎo）然，此指远去之貌。

【译文/点评】前句写山中桃花流水悠然而去之景，表现的是一种闲适之情。后句评论，说山中别有一番风光，不是尘俗之世所有，表现的是自己愿意山居的超脱心态。

天平山上白云泉，云自无心水自闲。

【注释】出自唐·白居易《白云泉》。天平山，在今苏州市西二十里。白云泉，在天平山上。

【译文/点评】此写云飘于天平山上、水荡于白云泉中的清幽飘逸的景象，表面是写山水云泉，实是借物写心。前句交代山、泉所在，后句以拟人修辞法，将云、水人格化，通过移情于云、水，赋予云"无心"、水"自闲"的生命情态，表现了诗人淡泊于名利、陶醉于山水的自由、自在、自得的闲适情趣。

望云惭高鸟，临水愧游鱼。

【注释】出自晋·陶渊明《始作镇军参军经曲阿作》。

【译文/点评】仰望直上青云的飞鸟，俯瞰活跃水中的游鱼，诗人感到无比惭愧。这是为何呢？因为此时此刻，他要为了温饱生计而违背本愿地赴任为官，跳入他非常厌恶的宦海之中。李白有诗句说"安能摧眉折腰事权贵，使我不得开心颜"，应该也能写出他的前辈陶渊明此时的心情吧。因此上述二句既是为了表达诗人的情感苦痛，更是为了展露诗人向往自由的心志。

无意苦争春，一任群芳妒。

【注释】出自宋·陆游《卜算子》。一任，任由，任随。

【译文/点评】无意于在春天开放而与其他花争奇斗艳，只愿傲霜斗雪迎风开放，随他花妒忌吃醋。此乃诗人借写梅花而自写心志之句。写梅花的高洁品格，意在显示自己不与世俗之人同流合污的清高、雅洁的人格。

吾不能变心而从俗兮，固将愁苦而终穷。

【注释】出自先秦·屈原《九章·涉江》。吾，我。变心，改变心志。从俗，随从流俗。兮，句末语气助词，相当于"啊"。固，本来。将，带、伴随。终穷，穷困到底。

【译文/点评】我不能改变我的理想而与世俗同流合污，本来就打算伴随愁苦而穷困到底。此乃屈原明心见志之语，表现了一个志士不屈从于流俗、坚持自己的人格气节的高贵品质。

悟已往之不谏，知来者之可追。

【注释】出自晋·陶渊明《归去来兮辞》。悟，认识到、醒悟。已往，以往。不谏，不能阻止。来者，将来。

【译文/点评】过去的事已经无法挽回，但将来的事还可以补正。虽然误入歧途，所幸现在有所醒悟，迷途知返为时不晚。此乃诗人自道误入仕途的后悔之意和对今日退出官场的欣慰之情，于一悔一喜之中，表现了其回归自然、远离俗世的高洁志向，表明了自己坚决与官场决绝、不为五斗米折腰、独立自主地做人与生活的人生态度。

写取一枝清瘦竹，秋风江上作渔竿。

【注释】出自清·郑燮《予告归里画竹别潍县绅士民》。写，画。

【译文/点评】此言画根瘦竹为渔竿，意在表明诗人决心脱离官场、归隐江湖的人生志向。

衙斋卧听萧萧竹，疑是民间疾苦声。些小吾曹州县吏，一枝一叶总关情。

【注释】出自清·郑燮《潍县署中画竹呈年伯包大中丞括》。衙斋，指官舍。萧萧，指风吹叶之声。些小，微小。吾曹，我们。

【译文/点评】此由睡眠中听到屋外风吹竹叶萧萧声，进而联想到民间的疾苦声，然后自然地引渡到自己对民间疾苦的态度，抒发出自己的心志：虽然自己只是个微不足道的州县小吏，但对天下百姓的生计温饱、快乐忧愁等都怀有殷殷关切之心，表现了一个正直的士大夫"位卑不敢忘忧国"的崇高精神境界与人格追求。

岩壑归去来，公卿是何物。

【注释】出自唐·岑参《下外江舟怀终南旧居》。岩壑，代指隐士居住之所。归去来，即归来。公卿，代指大官。

【译文/点评】此言从隐士栖身的世外归来，就不再看得上公卿了。意谓有了超凡脱俗之心，也就看淡了官禄富贵等俗世浮华。

遥遥望白云，怀古一何深。

【注释】出自晋·陶渊明《和郭主簿二首》其一。一何，
何等。

【译文/点评】此写诗人摆脱官场樊笼后，优游林下，遥
望白云，心思古贤，发千古之幽思的超然物外的闲适之情。

**咬定青山不放松，立根原在破岩中。千磨万击还坚劲，任
尔东南西北风。**

【注释】出自清·郑燮《竹石》。任，任凭。尔，你。

【译文/点评】此写竹生山中破岩之中，环境虽然恶劣，
却坚忍不拔、傲然挺立风中的形象。意在借竹以自喻，表达自
己高洁坚贞的人格追求。

一松一竹真朋友，山鸟山花好弟兄。

【注释】出自宋·辛弃疾《鹧鸪天》。

【译文/点评】此乃诗人希望回归自然，与松竹花鸟为友
的文人情怀表达。

与其无义而有名兮，宁穷处而守高。

【注释】出自先秦·宋玉《九辩》。兮，句末或句中语气
助词，相当于"啊"。穷处，处于穷困之境。守高，坚守高洁
的人格。

【译文/点评】与其不要道义而求名，宁可蛰守困境而守
住自己的清白节操。此乃作者明心见性的志向表白，表现了一

个有志士大夫穷处坦然、坚守人格节操的高贵品质。

与天地兮同寿，与日月兮同光。

【注释】出自先秦·屈原《九章·涉江》。兮，语气助词，相当于现代汉语的"啊"、"呀"。

【译文/点评】万古长存如天地，光耀人间如日月。这是屈原的理想，也是他的人生和人格追求。两句皆是运用夸张与比喻修辞法，言志自信而豪放，达意形象而生动。

质本洁来还洁去，强于污淖陷渠沟。

【注释】出自清·曹雪芹《红楼梦》第二十七回。污淖（nào），污秽的烂泥。

【译文/点评】这是《红楼梦》中林黛玉葬花之词，乃是借写花的高洁而自表洁身自好、孤芳自赏的心志。

醉坐自倾彭泽酒，思归长望白云天。

【注释】出自唐·孟浩然《和卢明府送郑十三还京兼寄之什》。倾，倒。彭泽，在今江西省西北。

【译文/点评】此化用晋人陶渊明辞去彭泽县令而归隐田园的典故，表达了诗人看淡功名、归隐林下的心志。